Wie ich lernte, die Deutschen zu lieben

Charles Greene

Wie ich lernte, die Deutschen zu lieben

Mit Illustrationen von
Hajo Müller

EICHBORNS SCHRÄGE BÜCHER

Charles Greene, geboren 1938 in White Hall (Illinois), ist Werbefachmann und kam zu Beginn der 70er Jahre nach Deutschland. Als Creative Director und Geschäftsführer einer großen Werbeagentur war er für die Entwicklung von Marken wie Obstgarten, Fruchtzwerge, Dr. Best, Odol, Punica und vielen anderen verantwortlich. Im Frühjahr 2002 beantragte er die Entlassung aus der US-Staatsbürgerschaft, um Deutscher werden zu können.

Hinweis des Autors:
Obwohl mein Deutsch über die Jahre recht gut geworden ist, habe ich das Originalmanuskript zunächst in meiner Muttersprache verfasst. **Isa Hemmert** *hat mir in glänzender Weise geholfen, daraus die vorliegende deutsche Fassung zu erstellen.*

1 2 3 4   04 03 02

© Eichborn AG, Frankfurt am Main, September 2002
Lektorat: Oliver Thomas Domzalski
Umschlaggestaltung: Christiane Hahn
Satz: Fuldaer Verlagsagentur, Fulda
Druck und Bindung: Clausen & Bosse, Leck
ISBN 3-8218-3592-3

Verlagsverzeichnis schickt gern:
Eichborn Verlag, Kaiserstr. 66, D – 60329 Frankfurt
www.eichborn.de

Widmung an meinen Grabstein

Ich bin ein Mensch, der auf Vorsorge setzt. Deshalb habe ich einen Satz verfasst, von dem ich hoffe, dass er mich abschließend beschreibt. Einen Satz für die Ewigkeit. Akkurat eingraviert steht er da in zwei Sprachen auf meinem Grabstein:

>He liked to laugh.«
>Er hat gern gelacht.«

Und um sicher zu sein, dass das gute Stück auch da ist, wenn ich so weit bin, bewahre ich den Grabstein ganz in meiner Nähe auf. Diskret natürlich. So diskret, wie ein Grabstein eben an der Wand eines Wohnzimmers herumstehen kann.

Nun gibt es da allerdings ein Problem. Ein größeres. Ich habe nämlich herausgefunden, dass weder mein Grabstein noch ich für alle Ewigkeit hier bleiben können. Es ist verblüffend, aber wahr, dass ich nach meinem Tod nur für schlappe 50 Jahre hier geduldet werde. Das ist die maximale Zeit, die man in Deutschland unter der Erde verweilen darf. Dann läuft die Aufenthaltsgenehmigung da unten ab. Tatsächlich würde man es sogar noch lieber sehen, wenn man mich früher loswürde. Der Friedhofsdirektor hat mir ein Sonderangebot unterbreitet: Wenn ich zustimme, dass meine sterblichen Überreste schon nach 25 Jahren ausgegraben werden können, bekomme ich einen anständigen Rabatt auf die Grabmiete. Einen wirklich anständigen.

So unangenehm das Thema auch sein mag – ich erkenne darin doch ein typisches Beispiel deutscher Fairness: Deutschland ist schließlich ein kleines Land. Ca. 80 Millionen Menschen auf einem Gebiet, das ungefähr der Größe Oregons und des Staates Washington zusammen entspricht. Also ist es nur fair von mir, wenn ich für andere

5

Platz mache. Wer wird denn nach 25 Jahren noch da sein und mich vermissen? Und überhaupt, wer auch immer noch da sein sollte, wird sich dann sicher an den Gedanken gewöhnt haben, dass es mich nicht mehr gibt. Um so mehr wird das der Fall sein, wenn ich mich für die 50 Jahre entscheiden sollte.

Aber wenn ich Glück habe, wird sich irgendwo noch ein Exemplar dieses Buches finden, wenn mein Mietvertrag auf dieser Erde schon lange abgelaufen ist. Vielleicht wird ein Unbekannter es entdecken, ganz versteckt in einer staubigen Ecke. Neugierig wird er oder sie es mit spitzen Fingern aufnehmen und die verblassten Worte lesen, die ich einst niederschrieb. Ich werde dann längst zu Blumenerde mutiert und mein teurer Grabstein wird zertrümmert und zu einem Quadratmeter Fußgängerzone umfunktioniert worden sein.

In der Hoffnung, dass dies so sein wird, widme ich dieses Buch hiermit offiziell meinem Grabstein und den schlichten Worten, die darauf stehen.

Der Bleistift ist deutsch

Eine Woche vor meiner Abreise von New York nach Deutschland besuchte ich eine Sprachschule. Natürlich habe ich sie nicht nur ›besucht‹. Ich habe die ganze Woche dort zugebracht, um mich auf meinen Deutschlandaufenthalt vorzubereiten.

Soweit das überhaupt nötig war. Denn nach Aussagen meines Lehrers war ich ein so genanntes Naturtalent und ein ausgezeichneter Schüler. Die gesamte Fakultät, die zugegebenermaßen nur aus drei Leuten bestand, staunte, als ich nach einer Woche Unterricht bereits wie ein Eingeborener sprach.

Warum soll ich mein Licht unter den Scheffel stellen? Wenn man vom Lehrplan ausgeht, beherrschte ich alle Wörter, die man in einem deutschen Büro überhaupt je verwenden muss. »Der Bleistift ist gelb«, kam zum Beispiel wie aus der Pistole geschossen über meine Lippen. Geflügelte Worte. Akzentfrei. Tadellos.

Aber das war noch nicht alles. Sobald die Farbe sich änderte, passte mein Vokabular sich blitzschnell an. »Nein, der Bleistift ist nicht gelb. Der Bleistift ist rot«, formulierte ich reaktionsschnell um – und war damit noch immer nicht am Ende.

Im Gegensatz zu den anderen, die mit mir Deutsch lernten, wusste ich sogar, wie man sagt: »Der Bleistift ist nicht gelb. Der Bleistift ist nicht rot. Der Bleistift ist grün.« Diese grandiose Leistung wurde zu meinem persönlichen Triumph. Sogar der Schuldirektor kam höchstpersönlich vorbei, um mir zu gratulieren.

Heute, am Tag meiner Ankunft in Deutschland, stehe ich nun auf irgendeiner Straße irgendwo in Düsseldorf. Kein Schuldirektor weit und breit. Ich bin allein. Und ich habe Hunger. Seit der Abreise von New York habe ich nichts gegessen. Und jetzt stehe ich vor einem ganz normalen, gutbürgerlichen Restaurant. Das Lokal sieht so aus,

als ob es auch an der 86sten Straße in New York City liegen könnte anstatt hier in Düsseldorf. Eigentlich schade,
dass es das nicht tut. Ich bin mir plötzlich ziemlich sicher,
dass mir ein gutbürgerliches deutsches Essen auf Englisch
im Moment sehr viel besser schmecken würde.

Mein Hunger meldet sich. »Blup-burrup«, beschwert
sich mein Magen. Ich reiße mich zusammen und betrete
mein erstes Restaurant in einem fremden Land. Ich winke
kurz mit der Hand, blicke den deutschen Kellner an und
sage: »Buon giorno«. Warum mir gerade diese Worte über
die Lippen kommen, weiß ich nicht. Aber ich hoffe, die
Leute werden mich so für einen Mann von Welt halten.

Der Kellner eilt an mir vorüber. Ich stehe an der Tür
und warte. Sicher wird gleich der Maître kommen, um mir
einen der vielen leeren Tische zuzuweisen. Ah, da kommt
er ja schon. Ein weißgeschürzter Herr eilt herbei – und
schiebt sich an mir vorbei. Was gar nicht so leicht ist, denn
ich blockiere den Gang zwischen Tür und Gastraum. Ich
warte weiter. Und warte. Und warte. Und schaue Kellnern
zu, wie sie sich an mir vorbeiwinden, ohne mich anzusehen. Anstatt mich zu fragen, was ich wünsche, schütteln
sie ungehalten die Köpfe und machen das mißbilligende
»Tsss«-Geräusch.

Sicherlich empört es sie, dass der Maître so lange auf
sich warten läßt. Wahrscheinlich hat er in Deutschland das
Privileg, Gäste als Erster zu begrüßen, so dass sie ihre
Freundlichkeit jetzt mühsam zurückhalten müssen.

Hinter mir geht die Tür auf. Ein Pärchen betritt das
Restaurant und geht unter fröhlichem Plaudern schnurstracks zu einem freien Tisch. Sie setzen sich einfach hin –
ganz ohne Hilfe eines Maître. Diese Deutschen sind wirklich unglaublich praktisch! Und so effizient.

Lächelnd setze ich mich an den erstbesten Tisch. Ein
nicht lächelnder, blaubeschürzter Kellner wirft freundlicherweise eine Speisekarte auf den Tisch, an den ich mich
gesetzt habe. Ich nehme mal an, dass sie für mich ist. Was
sich als ein Problem herausstellt, denn ich zähle genau

sechsundfünfzig Speisen auf dieser Karte, und mir ist keine einzige davon bekannt. Betont lässig lehne ich mich zurück und blicke mich um. Unauffällig. Ganz cool. Ich hoffe, dass ich vielleicht mit ein wenig Glück auf einem der benachbarten Tische etwas erspähen kann, das mir zusagt.

Offensichtlich hat der Kellner aber doch etwas von meinen Bemühungen mitbekommen. Er schlendert zu mir herüber. Ich deute auf einen Mann, der zwei Tische weiter sitzt. Sein Teller ist der einzige in meiner Nähe mit etwas Erkennbarem darauf. Ich weiß natürlich nicht, was es ist, aber mit etwas Glück sollte es dem Kellner bekannt sein.

Ich deute nachdrücklich auf mich und grinse wie verrückt. »Ja, ja, ja-ja«, sage ich. Der Ober macht erst einmal einen Schritt zurück und schaut mich skeptisch an. Diesmal deute ich nachdrücklich auf den Mann und dann wieder auf mich. Dabei sage ich die ganze Zeit über: »Ja-ja, ja-ja.« Plötzlich nickt der Kellner. Ich glaube, er hat mich verstanden. Ich bin total begeistert.

Nach weniger als zehn Minuten taucht er wieder auf. Er trägt einen Teller mit einem großen Stück Fleisch darauf. Vor lauter Freude beginne ich zu lachen. Wieder und wieder nicke ihm zu und sage dabei: »Ja-ja, ja-ja, ja-ja.«

Der Kellner setzt den Teller vor mir ab. Das ist wirklich ein riesiges Stück Fleisch. Mit einem riesigen Knochen darin. Vielleicht, denke ich, haben sie meinen Nachbarn für mich gebraten und nicht sein Essen? Ich gucke unauffällig in seine Richtung, aber er sitzt immer noch an seinem Tisch.

Tatsächlich! Ich habe es geschafft! Und wieso auch nicht? Schließlich war ich der Beste in der Sprachschule. Der Schuldirektor persönlich hat mich beglückwünscht. Nun blicke ich mit einem fast liebevollen Gefühl auf mein Essen. Ich habe einen solchen Hunger! Ich nehme das Messer in die eine, die Gabel in die andere Hand. Schneide mir ein großes Stück Fleisch ab und führe es unter Herzklopfen zum Mund. Dann lege ich Gabel und Messer ab und beginne, langsam zu kauen. Ich lehne mich zurück und

schließe die Augen, um das Essen besser genießen zu können.

Plötzlich spüre ich, wie etwas an mir vorbeiwirbelt. Ich reiße die Augen auf. Der Kellner eilt in Richtung Küche. Und hoch über seinem Kopf trägt er, wie eine Trophäe, meinen Teller mit dem ganzen schönen Essen. Ich bin wie vom Donner gerührt! Meine erste Mahlzeit nach beinahe 24 Stunden, und der Kellner nimmt sie mir nach dem ersten Bissen wieder weg. Was habe ich nur getan? Irgend etwas Falsches, klar – aber was? (Woher sollte ich denn wissen, dass das Zusammenlegen von Messer und Gabel auf dem Teller in Deutschland das Signal für ›Ich bin fertig‹ ist?)

Der Kellner ist schon fast bei der Küche angelangt. Was mache ich nur? Wie kann ich ihn aufhalten? »Ja-ja-ja-ja-ja«, schreie ich. Er bewegt nicht mal den Kopf in meine Richtung. Ganz im Gegensatz zu allen anderen Gästen im Restaurant …

»Der Bleistift«, rufe ich dem Kellner verzweifelt nach. Er reagiert nicht. Überhaupt nicht. »Der Bleistift ist nicht rot. Der Bleistift ist gelb«, schreie ich in meinem allerbesten Deutsch. Nichts! Der Kellner verschwindet hinter der Tür, die in die Küche führt. Alle starren mich an. Hastig ziehe ich meine Reiseschecks aus der Tasche, unterschreibe einen über 100 Dollar und laufe davon. Laufe einfach so aus dem Restaurant hinaus!

Nun stehe ich wieder auf derselben Straße wie vorhin. Immer noch hungrig. Ich bin erschüttert. Mein geschwächtes Hirn kann es nicht fassen: Ich werde hier verhungern. Mitten in Düsseldorf, in der Bundesrepublik Deutschland. Auf wackeligen Beinen wanke ich zur nächsten Ecke. Tränen laufen mir über die Wangen. Mein Leben zieht an mir vorüber.

Plötzlich erblicke ich durch meine Tränen hindurch ein verwischtes Gelb. Es kommt mir irgendwie bekannt vor. Ich versuche, meinen verschleierten Blick darauf zu fokussieren. Und jetzt sehe ich es klar und deutlich: Bogen. Goldene Bogen. McDonald's! »McDonald's – McDonald's – McDonald's«, wiederhole ich unablässig.

Mit neugewonnener Kraft gehe ich über die Straße und in das McDonald's-Restaurant hinein. Ich wanke zur Theke. Sie ist aus Chrom. Sie glitzert und glänzt. Ich fühle mich zu Hause.

»Big Mac«, sage ich zu dem Mädchen in McDonald's-Kleidung. Es macht einen Strich an der richtigen Stelle. »Coca-Cola«, bestelle ich als Nächstes. Mit meinen Händen mache ich ihr klar, dass ich die größte Größe möchte. Das Mädchen macht auch hier den richtigen Strich auf dem Bestellschein, und nun habe ich alles, was ich will. Ich hole mir noch einen Plastikhalm und eine Papierserviette.

»Uh-oh«, füge ich verlegen hinzu, »Ketchup.« Das Mädchen lächelt freundlich und legt ein kleines Tütchen neben meinen Big Mac. Darauf steht das Wort ›Ketchup‹ geschrieben. Man stelle sich meine Freude vor! Ketchup bleibt Ketchup – auch auf Deutsch. Jetzt wird alles mit Hilfe einer elektrischen Kasse addiert. Ich kann den Rechnungsbetrag ablesen: 3 DM und 65 Pfennige. Ich gebe 10 Mark und erhalte mein Kleingeld zurück.

Ich bin mächtig stolz darauf, Amerikaner zu sein. Ich setze mich hin, esse langsam meinen Big Mac, trinke mein Coke und fühle mich wohl. Nachdem ich gegessen habe, stehe ich mit hocherhobenem Kopf auf und gehe zu dem Mädchen zurück, das mich bedient hat. Ich schaue es an. Ich lächle. »Der Big Mac ist nicht rot«, sage ich triumphierend in perfektem Deutsch. »Der Big Mac ist nicht grün. Der Big Mac ist gelb.«

Unter Deutschen

Werden die Deutschen mich mögen? Werden sie mich mit offenen Armen aufnehmen? Warum sollten sie nicht? Meine Deutschlehrer an der Sprachschule in New York haben das auf jeden Fall getan. Nicht nur einer. Nein, alle beide. Sie versorgten mich sogar mit guten Tipps: Wo man hingehen muss; was man sich in Deutschland ansehen muss. Orte, die normale Touristen wahrscheinlich nie ausfindig machen würden. Geheime Orte. Wie das Hofbräuhaus in München. Falls ich je nach München kommen sollte.

Eines Tages pirschte sich Gabi an mich heran. Wisperte mir heiß ins Ohr: »Geh' unter Leute. Spazier' durch die Straßen. Fahr mit den Bussen. Das ist der beste Weg, uns kennenzulernen.« Wow! Ich hoffe inbrünstig, dass alle Frauen in Deutschland mir ihre Tipps wie Gabi verraten werden. Mein Ohr kribbelt Stunden später noch immer.

Nun stehe ich also hier an einer Düsseldorfer Bushaltestelle und warte geduldig. Bereit, die Deutschen zu treffen. Begierig auf zufällige Begegnungen. Vielleicht werde ich etwas zu einem Fremden sagen. Und er wird mir antworten. Höchstwahrscheinlich wird er mich fragen, wie es mir geht. »Etwas verwirrt«, werde ich ihm ganz locker auf Deutsch sagen, nachdem ich es stundenlang geübt habe. »Noch nicht ganz an Deutschland gewöhnt.«

»Oh«, wird er überrascht sagen. »Sie sind kein Deutscher? Das hätte ich nicht gedacht. Woher kommen Sie?«

»Aus Amerika«, werde ich bescheiden antworten.

Ein Amerikaner, wird er bei sich denken. Ein echter Amerikaner. Hier, mitten in Düsseldorf. »Es würde mir eine Ehre sein, wenn Sie mich und meine Familie besuchen würden. Vielleicht möchten Sie zum Abendessen zu uns kommen?« wird er hoffnungsvoll vorschlagen.

Natürlich werde ich hingehen. Wer bin ich denn, ihn zu enttäuschen? Oder seine Familie. Ich kann es kaum erwarten.

Ein Bus kommt herangeprescht und hält direkt vor mir. Genau da, wo ich stehe. Ein glückliches Omen? Hat der Fahrer irgendwie erkannt, dass ich ein Amerikaner bin, und will mich auf diese Art willkommen heißen?

Ich habe keine Ahnung, wohin der Bus fährt. Überhaupt keine. Sollte ich mich darum kümmern? Schließlich geht es hier doch um ein Abenteuer. Elastisch springe ich die drei Stufen hinauf. Wieviel Geld muss ich bezahlen? Wieder habe ich keine Ahnung. Also gebe ich dem Fahrer ein paar Münzen und hoffe, dass sie ausreichen werden. Ja! Es klappt. Er dreht ein Fetzchen Papier aus einer Maschine neben sich, reicht es mir und gibt mir zwei andere Münzen zurück.

Ich nehme an, dass er mir einen Fahrschein für eine bestimmte Strecke gegeben hat. Aber für welche? Da ich schlecht fragen kann, wo ich eigentlich hinfahre, und er es mir auch nicht von selber sagt, habe ich überhaupt keine Vorstellung, bis zu welcher Station ich fahren darf. Ich frage mich, ob alle Deutschen diese unheimliche Fähigkeit besitzen: zu wissen, wo ich hin will, obwohl ich selbst es nicht weiß. Mehr als erstaunt über diese seine Begabung, Entscheidungen für mich zu treffen, beschließe ich, mich direkt hinter ihn zu setzen. Damit er mir Bescheid geben kann, wenn wir die Haltestelle erreicht haben, von der er beschlossen hat, dass ich dort aussteige.

Auf dem Sitz neben mir sitzt ein kleiner Junge, etwa sieben oder acht Jahre alt. Seine Nase steckt in einem Comic. Micky Maus! Ich traue meinen Augen nicht. Das ist vielleicht aufregend! Ein Stückchen Amerika. Hier in Düsseldorf, Deutschland. Direkt an meiner Seite.

Ein älterer Mann, so um die 70, quält sich die Stufen herauf. Er bleibt vor dem Jungen stehen und blickt ihn an. Mindestens eine halbe Minute lang. Aber das Comic-Heftchen hält das Kind in seinem Bann. Das kann ich gut verstehen. Der Mann starrt den Jungen immer noch an, räuspert sich. Nichts. Keine Reaktion. Der Junge ist so herrlich tief in Micky's Abenteuer versunken. Hey! Das ist der Zauber von Amerika, der hier wirkt.

Plötzlich langt der Mann hinüber, packt den Jungen am Arm und zieht. Was zum …? Greift er ihn etwa an? Hier im Bus? Will er ihn am hellichten Tage kidnappen? Mit einem heftigen Ruck wird der Junge von seinem Sitz gezogen und fliegt durch die Luft. Mit einem sorgfältig berechneten Satz schaffe ich es gerade noch, die Jacke des Jungen zu packen. Aber die gemeinsame Fliehkraft lässt uns beide durch die noch offenstehende Tür segeln. Glücklicherweise landen wir beide auf unseren Füßen.

Hat man so was schon gesehen? Ich habe das Kind gerettet. Es vor Unheil bewahrt. Ich bin erst so kurze Zeit in Deutschland und schon ein Held! Amerika in Bestform. Vielleicht werden die anderen Passagiere sogar applaudieren. Ich drehe mich herum, bereit, alle Glückwünsche, die auf mich zukommen, entgegenzunehmen. Aber es gibt keine. Wie merkwürdig! Der Mann sitzt jetzt zufrieden auf dem Platz, auf dem eine Minute zuvor noch der Junge gesessen hatte. Die anderen Fahrgäste fühlen sich anscheinend überhaupt nicht gestört. Nicht das kleinste bisschen. Der Fahrer schaut ungeduldig auf seine Armbanduhr. Unvermittelt schließen sich die Türen mit einem lauten Zischen, und der Bus fährt davon.

Kann das wirklich sein? Keine Heldenfeier für mich? Stattdessen ist der Bus um die Kurve verschwunden. Verdutzt schaue ich zu dem Jungen. Da steht er und liest sein Comic-Heftchen. Anscheinend wartet er auf den nächsten Bus. Ich hatte ganz vergessen, wie faszinierend Micky Maus in seinem Alter sein kann. Aber warum wir beide jetzt hier draußen stehen, statt in dem Bus zu sitzen, ist mir schleierhaft. Vollkommen schleierhaft. Darf man in deutschen Verkehrsmitteln keine ausländischen Comics lesen? Ist zwischen Alt und Jung die nonverbale Kommunikation Vorschrift? Oder dürfen Minderjährige nicht im selben Bus fahren wie Weltkriegsteilnehmer?

Ich fühle, wie mein Enthusiasmus mich verlässt. Warum

ist das passiert? Könnte mir so etwas auch passieren? Nicht, dass ich zittere, aber meine Handflächen sind doch feucht geworden. Wenn doch bloß Gabi hier wäre! So ein bisschen heißes Geflüster in mein Ohr würde mir im Augenblick sehr gut tun.

Immer noch ziemlich verwirrt, bemerke ich etwas, das mir vorher entgangen war. Einen Busfahrplan. Ich schlurfe hinüber, um mir die Sache etwas genauer anzusehen. Wenn ich ihn richtig lese, ist der nächste Bus erst in 20 Minuten fällig. Na ja. Busse scheinen sowieso nicht der beste Ort, um Leute kennenzulernen. Besonders dann nicht, wenn man überhaupt keine Ahnung von der Etikette in deutschen Bussen hat. Und ich habe ganz sicher keine. Nach dem, was gerade passiert ist, bin ich mir auch nicht sicher, ob ich sie überhaupt haben will. Also stecke ich die Hände in die Taschen meiner Jeans und beschließe, mich auf den Weg zu machen. Lerne ich die Deutschen eben zu Fuß kennen.

Gerade als ich weggehen will, kommen ein Mann und eine Frau, beide in mittleren Jahren, auf die Bushaltestelle zu. Aha. Das ist eine gute Gelegenheit. Die beiden scheinen harmlos zu sein. Angenehm. Sicher kann man sich gefahrlos mit ihnen unterhalten. Ich beschließe ganz spontan, sie mit einem oder zwei deutschen Sätzen zu beglücken. Vielleicht werden sie so beeindruckt davon sein, dass sie mir anbieten werden, sich ihnen anzuschließen. Nun fühle ich mich schon besser.

»Wie geht's?« frage ich mit einem ehrlichen Lächeln. Einem strahlenden Lächeln. Einem amerikanischen Lächeln.

Sie schauen mich an. Und sie lächeln zurück! Hey! Jetzt machen wir aber wirklich Fortschritte. Ich sehe praktisch schon ihre Küche vor mir: Ob die Frau mir zu Ehren wohl eine deutsche Spezialität zaubern wird? Sauerbraten? Oder Gänsekeule mit Rotkohl vielleicht?

»Vielen Dank«, antworten beide gleichzeitig, immer noch lächelnd.

Waaaas? Das ist nicht die Antwort, die ich in der Sprachschule gelernt habe. Jetzt weiß ich nicht mehr weiter. Vielen Dank? Was ist das denn bloß für eine Antwort? Wie fühlt man sich, wenn man ›vielen Dank‹ ist? Soviel ich weiß, könnte es ›Ich habe mich in meinem Leben noch nie so gut gefühlt‹ bedeuten. Oder es könnte bedeuten ›Mein Rücken bringt mich um, aber ich möchte nicht darüber sprechen.‹ Was jetzt? Ich platze mit der einzigen Antwort heraus, die ich auf ›Vielen Dank‹ kenne. Mit der, die ich in New York gelernt habe: »Bitte schön!«

Die beiden schlendern hinüber, um auf den Bus zu warten. Kurz bevor sie die Haltestelle erreichen, dreht der Mann sich ein wenig zu mir, lächelt und sagt in perfektem Englisch: »Übrigens, in Deutschland geht man nicht mit den Händen in den Hosentaschen spazieren.«

Uff. In Amerika geht man immer mit den Händen in den Vordertaschen spazieren. Und wenn man nur so herumsteht, steckt man die Hände in die Hüfttaschen. Das ist etwas, was jeder Amerikaner automatisch lernt. Es gehört ganz wesentlich zum Erwachsenwerden. Besonders dann, wenn man in einer kleinen Stadt im mittleren Westen aufwächst.

Unbeholfen nehme ich die Hände aus den Taschen. Was haben sie denn geglaubt, was ich damit mache? Und was soll ich jetzt mit ihnen anfangen? Haben die Deutschen dafür auch eine Regel? Anstatt rechtwinklig von meinem Körper abzustehen, streifen meine Ellenbogen nun bei jedem Schritt über meinen Brustkorb, als ich weitergehe. Das ist ein unangenehmes Gefühl. Schrecklich unangenehm.

Während ich wie ein verklemmter Grisly durch die Straßen von Düsseldorf wandere, achte ich sehr genau darauf, was die Deutschen mit ihren Händen anfangen. Nachdem ich jeden, der mir begegnet, lange und intensiv anstarre, ist mir klar: Sie machen überhaupt nichts mit ihnen. Nichts. Hier ist es Sitte, sie einfach an den Enden der Arme herabhängen zu lassen. Anscheinend muss ein Deutscher sie so halten, dass sie jederzeit gut sichtbar sind, damit alle wissen, dass er oder sie zwei davon hat.

Aber nun habe ich mich verlaufen. Hoffnungslos verlaufen. Ich habe zu eifrig Hände beobachtet. Wenn ich eine Straßenkarte dabei hätte, könnte ich vielleicht mit Hilfe der Straßenschilder herausfinden, wo ich mich befinde. Aber wer nimmt schon eine Karte mit, wenn er auf Abenteuer auszieht? Hatten die Pioniere, die mit ihren Planwagen quer durch Amerika zogen, etwa eine Karte? Im Leben nicht! Was wohl der Grund dafür sein mag, so geht mir plötzlich durch den Sinn, dass so viele unterwegs ihr Leben verloren.

Ich wandere eine Weile ziellos herum und versuche, irgendeinen Orientierungspunkt zu finden. Irgend etwas, das ich wiedererkenne. Weil ich bisher aber ausschließlich die 200 Meter zwischen meinem Büro und meiner Wohnung hin- und hergependelt bin, ist das nicht sehr wahrscheinlich. Werde ich jetzt für immer durch diese Straßen wandern müssen? Als ›Der Fliegende Holländer von Düsseldorf‹ sozusagen?

Als ich auf die andere Straßenseite hinübersehe, erblicke ich ein kleines Hotel. Da werden sie doch sicher Englisch sprechen und mir helfen, den Weg zurück zu meiner Wohnung zu finden. Aufgemuntert durch diese Aussicht gehe ich über die Straße. Ich bin gerettet!

Ich schreite die Stufen hinauf, als ob ich hier wohnen würde, und finde mich in einer kleinen Halle mit einer Empfangstheke wieder. Was nun? In der Nähe der Theke entdecke ich eine junge Frau, vielleicht Anfang 20. Im Moment poliert sie gerade eifrig einen kleinen Tisch. Vorsichtig nähere ich mich ihr. Ob sie wohl meine Sprache spricht? »Excuse me«, äußere ich voller Hoffnung.

Die junge Frau blickt auf. Ihr Blick nimmt mich zur Kenntnis. Aber sie unterbricht mich sofort: »Moment!« sagt sie mit Nachdruck. Uh-oh. Ich scheine etwas Wichtiges nicht beachtet zu haben. Mit ihrer freien Hand zeigt sie nachdrücklich zur Empfangstheke. Als ich davorstehe, bemerke ich ein kleines Schild: PLEASE RING BELL FOR SERVICE. Super. Die Sprache dürfte also kein Problem sein. Irgendwo hier muss es wohl einen Angestellten für den Empfang geben.

Ich haue mit der Hand auf die Glocke. Sie gibt ein lautes »Ding!« von sich.

Was ist das? Die junge Frau hört sofort mit dem Polieren des Tischchens auf. Faltet ihr Putztuch zusammen. Legt es ordentlich beiseite. Und geht zur Empfangstheke. Mit einer raschen Bewegung gleitet sie dahinter, lächelt und fragt in tadellosem Englisch: »May I help you?«

Aaaahhhh! Also wirklich! Am liebsten möchte ich losschreien! Sie kann nicht mit mir reden, wenn sie als Putzfrau arbeitet – aber jetzt, als Empfangsdame, kann sie es?

Aber ich hake lieber nicht nach. Für heute habe ich genug von Abenteuern. Und für morgen. Vielleicht sogar für den Rest meiner Zeit hier. Je schneller ich zurück in meine Wohnung komme, desto besser. Damit ich für einige Zeit in Deckung gehen kann. Mich verstecken, bis ich so weit bin, dass ich mit Deutschland umgehen kann.

Kleinlaut frage ich die junge Frau, ob sie mir wohl ein Taxi bestellen könne. Ja, das kann sie. Aber sie will nicht. Denn wenn sie es täte, müsste sie Geld für das Telefonat von mir verlangen. Und außerdem müsste ich den Taxifahrer zusätzlich für die Anfahrt bezahlen. Hilfsbereit holt sie einen Stadtplan hervor und zeigt mir, dass ganz in der Nähe ein Taxistand ist. Dann geht sie mit mir zur Eingangstür, wobei sie die ganze Zeit über in ausgezeichnetem Englisch plaudert. Sie begleitet mich die Stufen herab und schickt mich mit einem freundlichen Winken in die richtige Richtung.

Tja, denke ich so bei mir. Die Deutschen können tatsächlich die nettesten Leute der Welt sein. Solange man sich an ihre Regeln hält. Als ich hinüber zu dem Taxistand schlendere, bin ich viel zufriedener als noch vor ein paar Minuten. Ich hoffe nur, dass sie nicht allzu viele Regeln haben, mit denen ich mich werde auseinandersetzen müssen.

Balkon-Bonanza

Ohne meine Cowboystiefel hätte es den großen Düsseldorfer Brand wahrscheinlich nie gegeben. Zumindest wäre ich nicht derjenige gewesen, der ihn ausgelöst hat. Da bin ich mir ziemlich sicher.

Zwei Wochen vor meiner Abreise aus New York hatte mir jemand vorgeschlagen, ich solle mir Cowboystiefel kaufen. »Man weiß nie, wann das mal nützlich sein könnte«, sagte er mir. »Irgendwann einmal kann es vielleicht wichtig sein, die Leute wissen zu lassen, dass du Amerikaner bist.«

Jetzt blicke ich stolz an mir herab auf meine funkelnagelneuen Stiefel, während ich die Oststraße in Düsseldorf entlang schreite. Sie sehen toll aus. Authentisch. Direkt von einem Versandhaus in Texas. Dieser Jemand hat Recht gehabt. Alle können nun sofort erkennen, dass ich ein waschechter Amerikaner bin. Woher sollten sie es auch sonst wissen?

»Herr Greene«, kreischt plötzlich eine Stimme neben meinem Ohr. »Ein Cowboy! Ich wusste gar nicht, dass Sie ein Cowboy sind!« Es ist Renate aus meinem Büro.

»Uh … na ja«, fange ich an zu murmeln.

»Cowboys können doch besonders gut grillen, nicht wahr?«

»Sicher«, sage ich und blicke nach unten auf meine Stiefel. Ich besitze sie nun seit einigen Monaten. Ich denke doch, dass ich dadurch ein ziemlicher Cowboy geworden bin. »Sicher«, wiederhole ich. »Cowboys sind darin besonders gut.«

»Meine Mutter ist bei mir zu Besuch, und ich habe Steaks gekauft«, fährt Renate fort. »Eignen sich Steaks zum Grillen?«

»Steaks sind sehr gut dafür«, sage ich. Denn ich erinnere mich an einen alten Film. Einen Western. »Natürlich grillen wir bei uns zu Hause nicht so oft Steaks. Normalerweise heben wir ein Loch aus und machen Feuer, um den ganzen Stier zu grillen.«

Diese Vorstellung erregt Renate dermaßen, dass sie ihre nächsten Worte kaum herausbringt: »Einen ganzen Stier? Das ganze Ding auf einmal?« quietscht sie und klammert sich mit beiden Händen an meinem Arm fest. Ich spüre, wie ihre Kraft sie verlässt. Sie sieht mich verklärt an: »Bitte, grillen Sie das Steak für meine Mutter«, bettelt sie.

»Das Steak für deine Mutter grillen?« sage ich verzweifelt. Genauso gut hätte Renate mich bitten können, ihre Mutter selbst zu grillen. Ich habe nämlich keinen Schimmer. Auch wenn es sich unamerikanisch anhört: Ich habe in meinem ganzen Leben noch nie gegrillt.

»Für Mutti wäre es ein großartiges Erlebnis«, sagt Renate sehr bestimmt. »Ihr Steak, von einem echten Cowboy gegrillt. Eine Sensation!« Damit ist für Renate die Sache entschieden. Schlagartig findet sie ihre Kräfte wieder. Im Gegensatz zu mir. Ich fühle mich plötzlich schwach. Sehr schwach.

Nachdem sie diese Entscheidung getroffen hat, holt Renate Papier und Stift aus ihrer Handtasche. Sie schreibt ihre Adresse auf und gibt sie mir. Sie hat sie nicht einfach so hingekritzelt. Sie hat sie in BLOCKSCHRIFT geschrieben. Es ist ein BEFEHL.

»Kommen Sie heute Abend gegen 18.00 Uhr vorbei«, bestimmt sie. »Haben Sie auch einen Cowboyhut?«

»Eigentlich habe ich meinen Hut in Amerika gelassen. Uh ... übrigens ... «, erwähne ich so nebenbei, als ich großspurig auf meinen Stiefeln hin und her wippe. »Ich bin es ja eigentlich eher gewohnt, ganze Stiere zu grillen ...«

»Wenn das so ist, werden unsere kleinen Steaks ja ein Klacks für Sie ein«, stellt Renate fest und geht davon. Über die Schulter winkt sie mir ein freundliches Aufwiedersehen zu.

Nun ist es also 18.00 Uhr, und ich klingele an Renates Wohnungstür. Sie macht auf: »Hallo, kommen Sie bitte rein. Darf ich Ihnen meine Mutter vorstellen? Mutti, das hier ist unser Cowboy aus Amerika.« Beide gucken mich an und schauen hinunter auf meine Stiefel. Sie nicken und lächeln. Ich bin genehmigt.

Ich blicke mich um. Wir sind in einer netten, kleinen Wohnung von ungefähr 80 m². »Und wo sollen wir grillen?« frage ich.

»Auf dem Küchenbalkon«, antwortet Renate und führt mich in diese Richtung.

»Willst du damit sagen, dass das Grillen hier im Haus stattfindet?« frage ich verdutzt.

»Nicht im Haus. In Deutschland ist der Balkon draußen. Ist das in Amerika anders?«

»Uh ... nein. Ich bin es nur gewohnt, viel weiter draußen zu grillen. In der Prärie. Ich glaube, ich habe dir schon gesagt«, fange ich mit einer gewissen Hoffnung an, »dass ich normalerweise den ganzen Stie ... »

Genau in diesem Moment erreichen wir den Küchenbalkon. Ich sehe keinen Grill. Nichts. Ich drehe mich um, einmal, zweimal. Es gibt keinen Grill. Um Gottes willen! Erwartet Renate etwa, dass ich den Balkon aufgrabe, um dort ein Feuer zu legen?

»Sag mal, Renate«, frage ich sie ganz perplex. »Wie kannst du grillen ohne einen Grill?«

»Da drüben ist er«, sagt sie und deutet in eine Ecke. »Ich habe einen Hibachi.« Dort hockt ein komisches Ding am Boden. Ein niedriger Grill aus schwarzem Eisen. Er sieht ungeheuer schwer aus. Ich habe das Gefühl, er hat sich dort zusammengekauert und wartet nun in der Hocke, um mich anzuspringen.

Eigentlich gehört so was in einen Käfig gesperrt, denke ich bei mir. Ich strecke meinen rechten Fuß aus, fange den Hibachi mit der Spitze meines Stiefels ein und ziehe ihn zu mir heran. Was macht man nun mit diesem verdammten Ding? »Wo ist denn der Stecker?« frage ich Renate ratlos.

»Der Stecker? Was für ein Stecker?«

Offensichtlich liege ich mit meiner Vermutung ziemlich

daneben. Was nun? »Na ja«, füge ich hinzu. »In Amerika haben solche Geräte immer einen Stecker. Tatsächlich verwenden wir ja diese Dinger dort, wo ich herkomme, nicht zum Grillen. Dafür haben wir ja unsere Prärie. Bei uns benutzen wir sie, um unsere Füße warm zu halten.« Und damit stelle ich meinen Fuß auf den Hibachi.

Staunen ist überhaupt kein Begriff für den Ausdruck in Renates Augen. Man sieht regelrecht, wie ihr Traum von Steaks, gegrillt von ihrem höchstpersönlichen Cowboy, wie Seifenblasen zerplatzt. Sie wendet sich jählings um, geht stocksteif zurück in die Küche und kommt mit einem Stapel Zeitungen wieder, die sie auf den Boden fallen lässt.

»Sag mal«, frage ich so nebenbei, als ich meinen Fuß verstohlen vom Hibachi herunternehme. »Wie grillt man denn normalerweise in Deutschland?«

»Mein Freund steckt Papier hinein, legt ein paar Zweige darauf, dazu einige Stücke Holzkohle, und dann zündet er es an.«

Sollte es so einfach sein? Na ja, warum nicht? Feuer hat eine lange Geschichte in dieser Gegend. Der Neandertaler ist schließlich nicht weit von Düsseldorf entdeckt worden.

»Und das brennt dann? Einfach so?«

»Na ja, er pustet natürlich auch.«

»Pustet? Und wie lange?«

»Na, so eine halbe Stunde?«

»Eine halbe Stunde?!« Meine Lungen fangen bereits jetzt vor Erschöpfung an zu zittern.

»Aber manchmal«, fährt Renate fort, »manchmal braucht er auch eine Stunde oder so.«

»Eine Stunde oder so!« schreie ich ganz erschrocken. »Kein Cowboy kann sich so etwas leisten. In einer Stunde kann seine Rinderherde über die gesamte Prärie verstreut sein!«

Renate errötet vor Scham. Sie merkt, sie hat hier einen wichtigen Punkt übersehen. Nun sehe ich meine Chance. Jetzt heißt es, sie zu ergreifen und alles schnell selbst in die Hand zu nehmen. Ich richte mich zu voller Größe auf und marschiere los. »Wo gehen Sie denn hin?« will Renate wissen.

»Zu meinem Auto. Im Kofferraum habe ich einen Kanister mit Benzin.«

»Benzin?!«

»In Amerika verlieren auch die Cowboys keine Zeit. Unsere Steaks werden im Handumdrehen fertig sein«, versichere ich ihr.

»Aber ... aber wo kriegen die Cowboys in Amerika denn Benzin her?« fragt sie verwirrt.

»Benzin gibt es genausoviel wie Rinder in der Prärie. Hast du noch nie etwas von Texaco gehört?« Und damit galoppiere ich aus der Wohnungstür und die Treppe hinunter – ein echter Cowboy in Aktion. Sehr schnell bin ich wieder zurück – mit 10 Litern Benzin. Bei dieser Ausrüstung hat der dämliche Hibachi überhaupt keine Chance mehr!

Renate hat mir inzwischen das Feld überlassen. Sie sitzt im Wohnzimmer und spricht leise mit irgend jemandem am Telefon. Neben ihr sitzt ihre Mutter und strickt ruhig. Ich schreite auf den Balkon hinaus. Ich bin sicher, der Hibachi weiß, dass Widerstand jetzt zwecklos ist. Ohne Rücksicht auf ihn zu nehmen, werfe ich ein paar Stückchen Holzkohle hinein.

Nun schleppe ich den Kanister rüber auf die andere Seite des Balkons, fülle ein Weinglas halb voll mit Benzin, stolziere zurück zu dem Hibachi und gieße das Benzin über die Holzkohle. Dann trage ich das leere Weinglas zurück auf die andere Balkonseite und stelle es sorgfältig neben dem Kanister ab. Auch ein Cowboy muss ab und zu mal vorsichtig sein.

Jetzt bin ich hier der Boss. In wenigen Minuten wird die Holzkohle brennen, ob der Hibachi will oder nicht. Ich blicke auf ihn herab. Ich lächle. Spüre, wie nahe mein Triumph ist. Ich zünde ein Streichholz an, beuge mich hinunter und führe das Streichholz langsam an die Holzkohle heran.

Es funktioniert. Und wie! Mit einem großen »Whumm!« schießen die Flammen hoch bis zur Decke. Gott sei Dank habe ich den Kanister vorher auf die andere Seite des Balkons gebracht. Dort ist er sicher.

Ist er das?

Offenbar habe ich beim Hin- und Hergehen etwas von dem Benzin auf dem Boden verschüttet. Zu spät merke ich, dass eine regelrechte Tropfspur bis hin zum Kanister führt. Plötzlich springt eine kleine Flamme an der Seite des Hibachi herunter. Und leider genau auf diesen tödlichen Tropfenweg. Wie auf Katzenpfoten springt sie weiter von Tropfen zu Tropfen hin zu dem Kanister.

Die verdammte Flamme und ich erreichen den Kanister genau im selben Moment. Ich reiße ihn schnell nach oben – zu spät! Die Flamme ist schon auf den Kanister übergesprungen. Genüßlich leckt sie mir die Hand ab. Mit einem lauten Schrei werfe ich den Kanister von mir. Er trifft die Balkonwand und zerspringt. Das Benzin ist plötzlich überall. Jetzt brennt nicht nur die Holzkohle, sondern der ganze Balkon.

Ich denke, dass es jetzt vielleicht an der Zeit wäre, Renate in Kenntnis zu setzen. Ich gehe ins Wohnzimmer, wo sie noch immer telefoniert.

»Äh … Renate?«, sage ich und nicke in Richtung Balkon. »Es brennt.«

»Ja, ja«, antwortet Renate und blickt einmal kurz hoch.

Ich stürze zurück zum Balkon. Mittlerweile schießen die Flammen bereits so hoch, dass sie über das Hausdach hinausragen. Was wird Renate sagen, wenn sie ihr eigenes Präriefeuer auf dem Balkon entdeckt? Ob sie wohl glauben wird, dass ich es als Amerikaner gewohnt bin, alles größer und besser zu machen?

Ich gehe wieder hinein. Renate plaudert immer noch. Wenn sie so weitermacht, werde ich wahrscheinlich als der erste Cowboy, der ein ganzes Haus grillt, in die Geschichte eingehen.

»Renate!«

Keine Antwort. Sie winkt ungeduldig ab.

»Renate!« wiederhole ich. »Es brennt!«

»Einen Moment mal,« seufzt sie ins Telefon. »Die Steaks brennen an.« Ich bin dabei, ein ganzes Wohnhaus abzufackeln, und sie glaubt, dass ihre Steaks verbrennen! Offensichtlich muss ich doch noch was an meinem Deutsch tun.

Renate steht auf. Sie bleibt unheimlich ruhig, bis sie die Tür zum Balkon erreicht hat. Dann aber schreit sie gellend auf: »Feuer!« Sie rennt zurück ans Telefon. »Feuer!« schreit sie, schmeißt den Hörer auf die Gabel und wählt die Nummer der Feuerwehr.

Als dort abgehoben wird, schreit sie noch einmal: »Feuer!« Eine Pause. »Wo? Auf dem Balkon.« Noch eine kurze Pause. »Der Balkon?« schluchzt sie. »Kaiserswerther Straße 122. Sie können es nicht verfehlen. Es ist das Haus, dessen Dach in Flammen steht.«

Nun hören wir Sirenen, die sich dem Haus nähern. Beide Frauen laufen zur Wohnungstür. Ich hinterdrein. Sie wollen die Tür gerade aufreißen, da beginnt ein Feuerwehrmann, sie mit seiner Axt aufzuhacken. Bevor ich meinen Fuß aus dem Weg ziehen kann, zischt die Axt durch die Luft, schlägt die Spitze meines rechten Stiefels ab und gräbt sich ins Parkett ein. Mein rechter Cowboystiefel hat jetzt eine formidable Pediküre erhalten, aber außer mir hat das keiner bemerkt.

Die beiden Frauen plappern wild durcheinander, zerren an den Feuerwehrmännern, ziehen sie in Richtung Balkon. Wir kommen alle gleichzeitig dort an. Abrupt bleiben wir alle stehen.

Es gibt kein Feuer. Überhaupt keine Flammen. Nicht einmal ein leises Brutzeln. Der Kanister aus Kunststoff ist verschwunden. Einfach weggeschmolzen. Das schuldige Weinglas steht genau da, wo ich es hingestellt habe. Es hat nicht einmal einen Sprung. Der einzige Beweis dafür, dass hier ein Feuer stattgefunden hat, sind die schwarzen Rußspuren an der Wand. Deutsche Häuser sind eben nicht aus Holz gebaut.

»Na ja«, lächle ich Renate zu. »So grillen wir draußen in der Prärie. Eben schnell und konsequent. Warum hast du mir die Steaks nicht rechtzeitig gebracht? Warum mußte es stattdessen die gesamte Düsseldorfer Feuerwehr sein?«

Als die Feuerwehrleute abgezogen sind, setzen Renate und ihre Mutter mich in den großen Polstersessel. Ich lehne mich zurück und lege meine Füße gemütlich auf den Kaffeetisch.

In der Küche summt Renate einen Walzer von Strauß. Das einzige Brutzeln kommt von den Steaks. Ich kuschele mich noch tiefer in den Sessel. In meiner Hand halte ich ein Glas Whiskey. Meine Socke schaut aus meinem Stiefel heraus, die Zehen wackeln mir ein »Gut gemacht!« zu.

Wer immer mir dazu geraten hat, ich solle mir Cowboystiefel kaufen, hat vollkommen Recht gehabt: Es ist immer gut, die Leute daran erinnern zu können, dass man Amerikaner ist.

Augen auf beim Sockenkauf

Wird die nächste Stunde wirklich einen so ungeheuren Einfluss auf mein weiteres Leben haben? Alle scheinen es zu glauben. Als ich das Bürogebäude verlasse, stelle ich fest, dass mehrere meiner Kollegen ihre Fenster geöffnet haben, um meinen Abgang besser beobachten zu können. Vielleicht glauben sie, dass sie mich zum letzten Mal sehen. Dass ich nicht mehr zurückkommen werde. Wenigstens nicht lebend.

Und wieso die ganze Aufregung? Nur weil ich gesagt habe, dass ich einkaufen gehen will? Ich werde doch wohl noch alleine Socken und Unterwäsche einkaufen können! Was soll mir denn dabei passieren? Das Wort für »socks« ist »Socken«. Und »underpants« sind »Unterhosen«. Die Wörter sind so nahe miteinander verwandt, dass es nicht einfacher sein könnte.

Es ist drei Uhr nachmittags; ein Zeitpunkt, den ich mit Bedacht gewählt habe. Sicher werde ich mehr Hilfe bekommen, wenn weniger Leute unterwegs sind. Wenn ich denn welche brauchen sollte. Was höchstwahrscheinlich gar nicht der Fall sein wird. Ich gehe davon aus, dass mein kleiner Ausflug ganz problemlos verlaufen wird. Wahrscheinlich werde ich schon zurück sein, bevor meine Kollegen ihre Fenster wieder zugemacht haben.

Ein paar Minuten später bin ich bei einem der großen Kaufhäuser angelangt. Ohne meine Schritte zu verlangsamen, steuere ich die großen Glastüren an. Schreite kühn auf sie zu. Huch?! Da passiert nichts. Überhaupt nichts. Wieso gleiten sie nicht zur Seite? Warum heißen sie mich in diesem Verbraucherparadies, wo der Kunde König ist, nicht willkommen? Ich weiß, dass das Kaufhaus nicht geschlossen sein kann, denn ich sehe, dass sich Leute darin bewegen.

Was geht hier vor? Wo befindet sich die elektronische Kamera, die meine Ankunft registriert? Die der Tür das

Signal gibt, sich zu öffnen? Ich schaue nach oben. Mein Blick schweift über den Türsturz. Merkwürdig. Sie scheint gut versteckt zu sein. Ich setze meine Füße nahe beieinander und rücke nach links. Meine Schritte zur Seite sind nie mehr als ein paar Zentimeter auseinander. Und immer noch passiert nichts. Wie kann es sein, dass die elektronische Kamera mich nicht wahrnimmt? Offensichtlich mache ich etwas falsch. Aber was?

Plötzlich kommt eine zarte und gebrechliche ältere Dame in meine Richtung getattert. Sie scheint es auf genau diesen Eingang abgesehen zu haben. Ha! Wenn die Elektronik mich schon nicht wahrnimmt, wie um alles in der Welt soll sie da jemals diese kleine Dame registrieren?

Unsicheren Schrittes, aber mit fest entschlossenem Blick, geht sie an mir vorbei. Ohne anzuhalten oder nach dem Elektronikstrahl zu suchen. Ohne zu zögern. Sie geht einfach zu der Tür hin. Und stößt sie auf. Ein leichter Schubs – und sie ist drinnen. Na sowas. Und das im Jahre 1972.

Deutschland ist doch anders. In Amerika gleiten die Türen mit einem lauten Zischen auf, wenn man irgendwie in ihre Nähe kommt. Verschlucken dich, wenn du in Reichweite bist, verschlingen dich mit Haut und Haar. Schaufeln die Kunden in die großen Einkaufsmaschinen. In Deutschland hingegen muß man erstmal arbeiten, bevor man sein Geld ausgeben darf.

Mit einem Anflug von Stolz ob meines neuerworbenen Wissens strecke ich die Hand aus und drücke gegen die Glastür. Sie öffnet sich. Und ich schlendere hinein. Keine Frage, heute habe ich eine Menge über das Einkaufen in Deutschland gelernt. Ich mache wirklich Fortschritte.

Wo aber werde ich die Sachen finden, die ich brauche? In der Herrenabteilung natürlich – wo sonst. Also suche ich auf der Informationstafel nach dem Wort »Herren«. Aber als die Rolltreppe mich auf das angegebene Stockwerk entlässt, sind diese Artikel nirgends zu sehen. Ich gehe kreuz und quer durch die Gänge. Keine Socken. Keine Unterhosen.

Vielleicht habe ich meine Kollegen nicht genau genug beobachtet. Könnte es sein, dass…? Tragen deutsche Männer ihre Schuhe direkt an den nackten Füßen? Und gar keine Socken? Tragen sie vielleicht noch nicht einmal Unterhosen? Ich muss gestehen, dass ich das nie hinterfragt habe. Was hätte ich denn tun sollen? Lässig in Manfreds Büro gehen und fragen: »Entschuldige, Manfred, trägst du Unterhosen?« Ehrlich, es ist mir nie in den Sinn gekommen, danach zu fragen. Nicht ein einziges Mal. Nun aber sieht es so aus, als ob ich es tun müsste. Aber dafür werde ich ganz sicher nicht ins Büro zurückgehen. Das Vergnügen, mich mit leeren Händen zurückkehren zu sehen, gönne ich denen nicht.

Ich blicke mich in der Herrenabteilung um und erspähe drei Frauen. Resolut stehen sie vor den mit Vorhängen verschlossenen Umkleidekabinen. Jede beladen mit einem Arm voller Jacken und Hosen. Ach so geht das. Auch deutsche Männer können nicht ohne Hilfe einkaufen. Ob sie es wenigstens freiwillig tun? Offenbar nicht: Einer der Männer versucht gerade zu entkommen. Mit voller Wucht stürmt er durch den Vorhang der Umkleidekabine und rennt beinahe eine der Frauen um.

Aber nein, da habe ich mich geirrt. In Wirklichkeit ist er aus der Umkleide gefallen. Jetzt hüpft er auf einem Fuß herum. Sein anderer hat sich hoffnungslos im Hosenbein verfangen. Seine Frau versucht hektisch, ihn in die Umkleidekabine zurück zu verfrachten.

Was für ein Glück ich habe! Ihn bei seinem Herumgehopse zu beobachten, hat mir sehr geholfen. Denn jetzt weiß ich es genau: Die Männer in Deutschland tragen doch Unterhosen. Bleibt nur noch die Frage, wo ich sie finden kann. Ich habe immer noch keine Ahnung. Aber halt! Die perfekte Lösung: Ich werde eine der Frauen fragen. Wenn irgend jemand weiß, wo man Herrensocken und –unterhosen kaufen kann, dann sind sie es.

Zuversichtlich trete ich vor sie hin. Ohne zu zögern frage ich: »Unterhosen? Socken?« Und schenke ihnen ein breites amerikanisches Lächeln, bei dem alle Zähne zu sehen sind. Und ich erhalte auch eine Reaktion – wenn auch eine unvorhergesehene: Sie sehen plötzlich wie versteinert aus. Denken sie vielleicht, dass ich versuche, ihnen Socken und Unterhosen zu verkaufen? Oder, noch schlimmer: Ihnen die ihren abzukaufen? Dieses Missverständnis sollte ich besser rasch aufklären.

»Socken«, wiederhole ich und hebe einen Fuß. Um mein Anliegen zu unterstreichen, wackele ich damit hin und her. »Unterhosen«, sage ich dann und beginne, mit den Händen auf die entsprechende Körpergegend zu zeigen. Oh, oh. Besser doch nicht. Sie könnten die Geste missverstehen. »Unterhosen … für mich. Mich.« füge ich verzweifelt hinzu. Offenbar zu laut. Nun schauen auch noch drei männliche Köpfe zwischen den Vorhängen heraus.

»Aus England?« fragt eine der Frauen lächelnd.

»Amerika«, antworte ich hoffnungsvoll.

»Erster«, mischt sich eine zweite Frau ein. Und sie hält einen einzelnen Zeigefinger hoch, um sicherzugehen, dass ich sie auch richtig verstehe. Worauf die anderen beiden Frauen und alle drei Männer ebenfalls jeder einen Zeigefinger hochhalten. Ich nehme an, sie wollen damit sagen, dass Herrensocken und –unterhosen im ersten Stock zu finden sind. Andererseits könnte es natürlich auch eine Art Signal sein, so wie zum Beispiel ein aufwärts zeigender Daumen für »Gut gemacht!« Also halte ich meinen Zeigefinger auch nach oben. So stehen wir nun alle um die Umkleidekabinen herum und halten unsere Zeigefinger in die Luft. »Erster … erster«, sage ich mit Nachdruck und nicke. Jetzt nicken sie auch alle und strahlen mich mit zufriedenem Lächeln an.

Ich nicke wieder und wieder. »Ja-ja, ja-ja«, sage ich vor.

»Ja-ja, ja-ja«, antworten alle. Noch einmal ein dankbares Nicken, dann suche ich mir einen Weg durch die Gänge zu der nach unten führenden Rolltreppe. Ich betrete sie vorsichtig und entschwinde allmählich ihren Blicken. Als ich noch einmal zurückblicke, sind sechs hocherhobene Zeigefinger das Letzte, was ich sehe.

Im angegebenen Stockwerk angekommen, sehe ich mich um. Nein! Nein, nein, nein, denke ich fassungslos. Hier gibt es alles, was eine Frau so braucht: BHs, Slips, Miederhöschen, Strümpfe. Es ist alles hier. Aber warum auch ich? Was haben all diese Dinge mit mir zu tun? Offensichtlich haben die sechs mich für einen perversen Fetischisten gehalten. Ich muss es mir jetzt wohl eingestehen: Ich bin besiegt. Von einem deutschen Warenhaus. Resignierend halte ich nach einem Ausgang Ausschau. Ich habe nichts eingekauft. Nichts! Alle werden sich ausschütten vor Lachen.

Aber plötzlich entdecke ich etwas ganz hinten in einer Ecke. Da sind sie! All die Sachen, die ich gesucht habe: Berge von Herrensocken, Stapel von Herrenunterhosen. Regal über Regal – zum Bersten gefüllt. In bester Laune mache ich mich daran, endlich meine Einkäufe zu tätigen. Wenigstens werde ich nicht als Verlierer zurückkehren. Aber wie funktionieren, verflixt noch mal, die deutschen Größenangaben? Als ich mich ratsuchend umsehe, bemerke ich eine Frau hinter der Verkaufstheke. Sie ist recht attraktiv. So um die 35 Jahre. Ich flaniere zu ihr hinüber. Im Augenblick telefoniert sie gerade. Ich werde warten. Sicher ist sie gleich fertig.

Fünf Minuten später redet sie immer noch. Plaudert ohne Pause. Lacht. Amüsiert sich königlich. Hat tatsächlich einen Heidenspaß dabei. Und ich? Was ist mit mir? Bemerkt sie mich denn noch nicht einmal?

Vielleicht ist sie auf dem einen Auge blind? Das wird es wohl sein. Ich muss auf die andere Seite gehen, damit sie mich mit dem gesunden Auge wahrnehmen kann. Vorsichtig schiebe ich mich in diese Richtung. Moment! Sie bewegt sich jetzt auch. Aber sie dreht sich von mir weg. Während ich einen Bogen mache, um auf ihre andere Seite zu gelangen, schwenkt sie herum, so dass ihre Schulter immer zwischen uns bleibt.

Also falsch geraten. Sie ist doch nicht auf einem Auge blind. Aber könnte es sein, dass sie nur auf Geräusche reagiert? Wie eine von diesen elektronischen Puppen? Wenn die bestimmte Geräusche hören, schauen sie dich an. Oder machen sich in die Hose. Ob sie wohl aufsehen wird, wenn ich huste? Oder sich in die Hose machen? Ich beschließe auszuprobieren, was passiert. Wenigstens wird es mir ihre Aufmerksamkeit einbringen.

Ich räuspere mich. Nichts. Ich räuspere mich sehr vernehmlich noch einmal. Sie zuckt nicht einmal zusammen. »Entschuldigung«, sage ich höflich. Diese Worte müssen so etwas wie ein Signal gewesen sein. Weil sie nämlich augenblicklich ihren Arm zum Kopf hebt. Und sich mit einem Finger das Ohr zuhält. Jetzt bedeckt also der Telefonhörer das eine ihrer Ohren. Und in dem anderen steckt ihr Finger. Was ist das überhaupt für eine Verkäuferin? Sie scheint gar nicht daran interessiert zu sein, mit mir ins Geschäft zu kommen. Überhaupt nicht. Wie verdient sie bloß ihre Provision?

Vielleicht ist sie sich nicht im Klaren darüber, dass ich ein Kunde bin. Ob das wohl die Ursache dafür ist, dass sie mich noch immer ignoriert? Ich werde ihr auf die Sprünge helfen müssen. Ihr zu verstehen geben müssen, dass ich wirklich und wahrhaftig ein zahlender Kunde bin. Ich fasse in die Innentasche meines Mantels und hole meine Brieftasche heraus. Ich ziehe eine Banknote daraus hervor und halte sie zwischen Daumen und Zeigefinger fest. Mit einem kleinen Satz nach vorn strecke ich meinen Arm aus und wedele mit dem Schein vor ihrem Gesicht hin und her. Ihre Aufmerksamkeit bringt mir das zwar ein. Aber offensichtlich versteht sie die Botschaft nicht.

Sie wirbelt wie der Blitz zu mir herum und sieht mich an. Schickt einen Schwall von deutschen Sätzen in meine Richtung. Ich verstehe keinen einzigen davon. Was wahrscheinlich ganz gut so ist. Genauso rasch dreht sie sich wieder weg. Diesmal wieder in die Richtung, in der sie stand, bevor ich sie unterbrochen hatte. Mit dem Rücken zu mir.

»Ich verstehe nicht«, murmele ich gegen ihre abweisenden Schultern. Ehrlich gesagt, dieser Satz hat sich zweifellos als der wertvollste erwiesen, den ich in meinem Sprachunterricht gelernt habe. Ich habe ihn öfter als jeden anderen gebraucht. Viel öfter. Und wieder funktioniert er. Allerdings nicht ganz so, wie ich gehofft hatte.

Abrupt fährt sie zu mir herum, um mich anzusehen. Wütend funkelt sie mich an, Auge in Auge. Wird sie mich jetzt fertigmachen? »Sehen Sie nicht, dass ich telefoniere?« stößt sie ärgerlich hervor – übrigens in ausgezeichnetem Englisch. Oh doch, denke ich so bei mir. Doch, Lady, das ist mir schon aufgefallen.

Noch einmal kehrt sie mir den Rücken zu. Ich bin am Boden zerstört. Hilflos stehe ich ein paar Minuten lang da. Es sieht so aus, als ob ich wirklich ohne Socken in mein Büro zurückkehren muss. Und ohne Unterhosen. Vor diesem Gedanken schrecke ich zurück. Was werden die anderen nur von mir halten, wenn ich mich noch nicht einmal selbst einkleiden kann? Wahrscheinlich werden sie mich »Charlie-mit-den-leeren-Händen« nennen. Und an all dem ist sie Schuld.

Während ich meinen Geldschein in meine Brieftasche und meine Brieftasche in meine Manteltasche stopfe, hadere ich leise und bitter mit meinem Schicksal. Ich will Rache. Ich dürste danach. Was kann ich nur machen oder sagen, um mit ihr quitt zu werden? Um sie in die Schranken zu weisen?

Da habe ich auf einmal einen brillanten Geistesblitz. Eine wundervolle Demütigung für sie.

»Vielleicht sollten Sie mich heiraten?« schlage ich hinterlistig vor.

Jetzt wirbelt sie so schnell herum, dass ihre Bewegungen verschwimmen. Na, schau mal an. Jetzt habe ich endlich ihre Aufmerksamkeit. »Wie ... wie bitte?« fragt sie verstört. Und dann auf Englisch: »Was haben Sie gesagt?«

Nun bin ich an der Reihe, sie böse anzustarren, Auge in Auge. Mit so viel Verachtung, wie meine Stimme hergibt, erkläre ich: »Wir würden wunderbar zusammenpassen.« Das hat Klasse! Das macht mir jetzt richtig Spaß.

»Und wieso das?« fragt sie verwirrt und legt den Telefonhörer beiseite. Was für eine perfekte Falle. Und sie ist schnurstracks hineingetappt.

»Tja«, zucke ich mit der Schulter und füge lässig hinzu: »Meine Ex-Frau hat mich genau so ignoriert wie Sie. Offensichtlich haben Sie eine Menge Erfahrung darin, Leute zu ignorieren. Und ich habe jede Menge Erfahrung damit, ignoriert zu werden. Wir würden zueinander passen wie die Faust aufs Auge.«

Zufrieden mit mir selbst drehe ich mich um, um davonzugehen. Ich mache zwei Schritte, da höre ich sie nachdenklich sagen: »Da könnten Sie Recht haben.«

Mir gefriert das Blut in den Adern. Da habe ich sie nun mit der größtmöglichen Demütigung versehen. Aber offensichtlich fasst sie es überhaupt nicht so auf. Oh mein Gott! Was soll ich jetzt tun? Ist so ein mündlicher Antrag in Deutschland verbindlich? War das ein gesetzlicher Heiratsantrag meinerseits?

Sie scheint offensichtlich dieser Ansicht zu sein. Sie kommt auf mich zu. »Wie heißen Sie?« will sie wissen.

»Charles Greene«, antworte ich mit zitternder Stimme. Ich kann es nicht verhindern. Ich bin zu Tode erschrocken.

»Gut«, sagt sie fröhlich. »Das ist etwas anderes. Ich hole nur meinen Mantel, und dann können wir gehen.«

Gehen? Wohin gehen? Zurück ins Büro? Warum nicht. Vielleicht gibt es dort jemanden, der diese vertrackte Angelegenheit in Ordnung bringen kann.

Sie ist im Nu zurück, ihren Mantel hat sie über die Schultern geworfen. Wir gehen in Richtung Büro. Erstaunlicherweise plaudern wir ganz locker miteinander. Ich beschließe, sie über die Schwelle zu tragen, wenn wir dort ankommen. Es mag sein, dass ich ohne die Socken und Unterhosen zurückkomme, die ich einkaufen wollte. Aber sie ist der lebende Beweis dafür, dass ich nicht mit leeren Händen zurückkomme.

Guten Morgen, Herr Nachbar

Klaus? Karl? Klippspringer?

Wie heißt mein Nachbar wohl mit Vornamen?

Alles, was ich weiß, ist, dass auf dem Schildchen an der Tür zu seiner Wohnung steht: K. Witz. Wie können wir jemals Freunde werden, wenn ich noch nicht einmal seinen Vornamen kenne? Wie soll ich ihn anreden? Weil ich nicht weiß, was ich sagen soll, habe ich bis jetzt gar nichts gesagt. Nichts – in all den Monaten, die wir nun schon Tür an Tür wohnen. Kein einziges Wort. Nicht eine Silbe. Ich nicke ihm zu; er nickt zurück. Manchmal ist er es, der mir zunickt, bevor ich ihm zunicke. Das ist sicher ein gutes Zeichen. Aber warum sagt er nichts?

Ich habe beschlossen, dass ich die Initiative ergreifen muss: Ich werde mich mit ihm anfreunden. Ob er will oder nicht.

Deshalb stehe ich nun in meinem Büro und warte ungeduldig. Ich werfe einen kurzen Blick auf meine Uhr: 10.58 Uhr. Ich packe die Türklinke, ziehe daran. Ein verwegener Ruck, und die Tür ist auf. Ich stecke meinen Kopf heraus. Zehn Leute sitzen zufrieden an ihren Schreibtischen.

»Guten Morgen«, rufe ich laut.

Zehn Köpfe schnellen in meine Richtung. »Guten Morgen«, antworten zehn freundliche Stimmen gleichzeitig.

Ich lächele und schließe die Tür. So weit, so gut. Nach ein paar Minuten schaue ich wieder auf meine Uhr. Es ist genau 11.04 Uhr. Wieder packe ich den Türgriff, ziehe die Tür auf. Und wieder stecke ich meinen Kopf heraus.

»Guten Tag!«, dröhnt meine Stimme durch das ganze Büro. Das ist jetzt der kritische Punkt, und ich möchte ganz sicher sein, dass jeder mich auch wirklich hört.

Es funktioniert. Mein Experiment ist erfolgreich. Amerikanischer Genius am Werk. Denn jetzt schnellen wieder zehn Köpfe in meine Richtung. Zehn Stimmen antworten wieder. Und diesmal sagen sie alle: »Guten Tag!« Ich lächle und schließe die Tür ganz leise und behutsam. Ich habe soeben bestätigt, dass ich den Unterschied zwischen »Guten Morgen« und »Guten Tag« beherrsche. Unerlässlich für meinen Plan.

In meiner ersten Deutschstunde damals in New York hatte der Lehrer auf die Bedeutung von Guten Morgen, Guten Tag und Guten Abend besonderen Wert gelegt. »Passen Sie gut auf, dass Sie das richtig machen«, hatte er wieder und wieder gesagt. »Sonst bringen Sie sie durcheinander.«

»Bis 11.00 Uhr sagt man Guten Morgen. Nach 11.00 Uhr heißt es Guten Tag, und das bis 6 Uhr abends. Danach sagt man Guten Abend. Und sagen Sie niemals Gute Nacht, denn das enthält eine sexuelle Anspielung.« Über letzteres muss ich mir jetzt keine Gedanken machen. Schließlich will ich K. Witz ansprechen, wenn er am Morgen seine Wohnung verlässt.

Weil ich nicht weiß, wann genau K. Witz das zu tun pflegt, stelle ich mir den Wecker auf 5 Uhr. Als er losklingelt, springe ich aus dem Bett. Schnell schnappe ich mir das leere Wasserglas, das ich auf dem Boden neben meinem Bett bereitgestellt habe, und flitze ins Wohnzimmer. Ich drücke mich gegen die Wand, die unsere beiden Wohnungen voneinander trennt und presse das offene Ende des Wasserglases dagegen. Mein Ohr halte ich an den Glasboden. Ein paarmal meinem Kopf hin und her gerückt, dann ist mein Ohr in der richtigen Position, auch wenn diese ein bisschen unbequem ist. Aus Erfahrung weiß ich, dass das Glas nun alle Geräusche von nebenan – sofern vorhanden – verstärken wird. Ich werde alles hören können.

Aber ich höre nichts. Keinen einzigen Piep. Offensichtlich steht er um 5 Uhr noch nicht auf. Wie schön für ihn! Erleichtert gehe ich ins Bett zurück. Ich stelle den Wecker auf 5.30 Uhr und schließe meine Augen.

Der Wecker klingelt.

Um 5.30. Um 6.00. Um 6.30. Um 7.00. Um 7.30. Und jetzt höre ich Geräusche. Allerdings nicht viele. New Yorker Wände scheinen doch viel dünner als Düsseldorfer Wände zu sein. Und New Yorker Wände sind auf alle Fälle interessanter. Viel interessanter. Aber schließlich geht es hier ja nicht um mein Vergnügen. Eine Arbeit ist zu tun. Eine Aufgabe, der ich mich verpflichtet habe. Wenn ihn etwas überzeugen kann, dann ein Übermaß an amerikanischer Freundlichkeit.

In aller Eile wasche ich mich und ziehe mich an. Auf Socken und mit den Schuhen in der Hand schleiche ich auf Zehenspitzen zur Eingangstür meiner Wohnung. Ich öffne sie verstohlen. Nur einen kleinen Spalt, damit ich nach draußen spähen kann.

Wenig später öffnet K. Witz ziemlich ungeschickt seine Tür und tritt verschlafen heraus. Zweifellos ist er noch nicht ganz wach. Er hat seinen Hund dabei, einen Langhaardackel, den er an der Leine führt. Während er seine Tür abschließt, überlege ich, wie ich ihn ansprechen soll. Ich weiß, dass es Guten Morgen heißen muss. Aber »Guten Morgen, Witz« oder »Guten Morgen, K. Witz« oder »Guten Morgen, Herr Nachbar«?

Ich muss mich entscheiden. Und zwar schnell. Er kommt soeben vorbei. Ich hole tief Luft, reiße meine Tür auf und platze heraus: »Es ist Show Time. Guten Morgen, Herr Nachbar!«

Na, das hat ihn jetzt aber wach gemacht!

Ich strecke meine Hand aus, bereit, die seine mit festem Druck zu ergreifen und kräftig zu schütteln. Deutsche reden nicht viel, aber sie lieben es, Hände zu schütteln. Ständig. Sie schütteln und schütteln. Bei jeder Gelegenheit. Wenn sie sich begegnen. Wenn sie sich verabschieden. Und 20-mal zwischendurch, nur um zu zeigen, dass sie nicht vergessen haben, wie's geht.

Es funktioniert! Er schaut mich an. Nimmt meine Hand. Und pumpt sie dreimal rauf und runter. Nicht einmal. Nicht zweimal. Nein, volle drei Mal. Ich glaube, er murmelt sogar ein »Guten Morgen«, bevor er seinen Weg fortsetzt.

Er geht auf die Haustür zu. Aber als er sie erreicht und schon halb aufgezogen hat, zögert er. Er nimmt seinen Hund hoch und dreht sich zu mir um. Er macht einen Schritt auf mich zu, dann noch einen. Kann das wirklich sein? Er kommt zurück. Er kommt wirklich dorthin zurück, wo ich stehe.

Ich wusste es. Warum habe ich es nicht schon viel früher probiert? Keiner kann einem freundlichen Amerikaner widerstehen. Nicht einmal K. Witz. Und jetzt kommt er zurück, um mir seine deutsche Freundschaft anzubieten. Den Hund noch immer auf dem Arm, kommt er zu mir, lächelt und sagt in einem ganz passablen Englisch: »Ihre Fußmatte liegt schief.«

Ist das ein Angebot deutscher Freundschaft?

Er merkt, dass ich verwirrt bin. Ich habe keine Ahnung, wie man auf so eine Großzügigkeit reagiert. Vielleicht sollte ich ihm die Hand schütteln? Das mache ich jetzt auch. Ich lange hinüber, nehme seine Rechte in beide Hände und schüttle sie überschwänglich. Und um ganz sicher zu gehen, dass ich so viel Dankbarkeit wie nur möglich ausstrahle, setze ich ein großes, breites Lächeln auf. Wie eine glückliche Kuh, die soeben gemolken wurde. Und rufe »Ja-ja. Ja-ja. Ja-ja.«

Durch meine begeisterte Reaktion ermutigt, schubst er meine Fußmatte mit der Spitze seines Schuhs an und wiederholt: »Schief. Sehr schief.« Vorsichtig legt er den Hund in meine Arme und geht in seine Wohnung zurück. Kurz darauf kommt er mit einem Zollstock und einem braunen Marker zurück.

Er kniet vor meiner Tür nieder und fängt nun an, die Entfernung zwischen der Schwelle und dem Ort, an den die Fußmatte ordnungsgemäß gehört, auszumessen. Wohl eine deutsche Verordnung, die mir vollkommen entgangen ist. Wollte er deshalb nie mit mir sprechen? Sorgfältig malt er da, wo die Ecken der Fußmatte liegen sollten, je ein kleines braunes »X«.

Dann nimmt er die Matte hoch und zielt sorgfältig. Mit

einer kurzen, gekonnten Bewegung wirft er sie absolut perfekt vor meine offene Tür. Ich kann die Verwunderung in meinen Augen nicht verbergen. Wie lange muss man wohl üben, um das so zu können, überlege ich. Nicht eine Sekunde lang hat er gezögert. Und jede Ecke der Matte liegt exakt auf dem dafür vorgesehenen »X«. Um das so zu beherrschen, muss man offensichtlich schon in sehr jungen Jahren zu üben anfangen.

Zufrieden steht er auf und nimmt seinen Hund zurück. Ist das ein Lächeln auf seinen Lippen? Ein ganz leichtes, vielleicht? Ein kurzes Kopfnicken, dann geht er zur Haustür. »Danke«, sage ich zu seinem Rücken, bevor er verschwindet.

»Übrigens«, wirft er mir über die Schulter zu, bevor die Tür sich schließt. »Am Samstagabend kommen ein paar Bekannte zu mir. Vielleicht möchten Sie auch kommen? Acht Uhr.«

Ich bin wie vom Donner gerührt. Woher diese plötzliche freundschaftliche Geste? Ich falle neben meiner Fußmatte auf die Knie. »Das hast du bewirkt, du wundervoller buschiger brauner Faserhaufen«, gurre ich und streichle sie dankbar. »Du hast mir gezeigt, wie man in Deutschland Freundschaften schließt.«

Jetzt ist K. Witz also ein Freund. Wie auch immer sein Vorname sein mag. Und er hat mich zum Abendessen eingeladen. Hat er das wirklich? Er hat 8 Uhr gesagt – aber nichts von einem Essen. Wie kann ich das rausbekommen? Irgendwie muss ich herausfinden, ob ich zu einem Abendessen rüberkommen soll. Oder einfach nur so. Ich blicke hoffnungsvoll nach unten auf die Fußmatte, aber sie bietet mir keinen Ratschlag an. Zu schade.

Glücklicherweise tut Dagmar das. Sie arbeitet in meinem Büro und hat mir gelegentlich sehr geholfen. Zum Beispiel als sie mir zeigte, wie man eine Waschmaschine bedient. Sie kam beim ersten Mal sogar mit und übersetzte die Gebrauchsanleitung für mich. Ich habe nie herausgefunden, warum sie das eigentlich getan hat. Einfach aus

Nettigkeit? Oder hatte sie bemerkt, dass ich zweieinhalb Wochen lang ein- und dieselben Klamotten getragen hatte?

»Keine Sorge«, sagt Dagmar voller Überzeugung. »Er wird dir etwas zu Essen anbieten. Und vergiss nicht, ein Geschenk mitzunehmen.«

»Was für ein Geschenk?«, antworte ich und verspüre ein flaues Gefühl im Magen. Ich habe noch nie ein Geschenk für einen Deutschen gekauft. Nicht in Deutschland. Noch nicht einmal in Amerika. Mein erster Gedanke ist eine Kuckucksuhr. Aber wahrscheinlich hat jeder Deutsche schon Dutzende davon.

»Oh, nur eine nette Geste: eine Flasche Wein. Ein paar Blumen. Eine Schachtel Konfekt«, antwortet sie. »Nichts Großes«.

Was für eine nette Idee. In Amerika sind wir viel zwangloser. Oder vielleicht glauben wir von uns, dass wir selbst Geschenk genug sind. Nur: Was soll ich kaufen?

So viel steht fest: keinen Wein. Trinkt er weißen? Oder roten? Würde er gekränkt sein, wenn es kein deutscher Wein ist? Zu viele Unwägbarkeiten. Wein kommt also nicht in Frage.

Und mit den Süßigkeiten verhält es sich ebenso: Ich weiß ja gar nichts über seine Zähne. Können sie es mit den harten Sachen aufnehmen? Vielleicht hasst er Schokolade, weil er fürchtet, sich beim Essen zu sehr zu beschmieren? Schließlich ist dies mein erster Auftritt in einer ganz normalen Gesellschaft, und ich will alles richtig machen.

Ich beschließe, Blumen mitzubringen. Ich kann den Samstag kaum erwarten und gehe gleich morgens los. Vor lauter Aufregung möchte ich singen. Aber ich habe noch nie einen Deutschen auf der Straße singen hören. Weder im Regen noch im hellsten Sonnenschein. Also singe ich nicht.

»Was für Blumen möchten Sie?«, fragt die Blumenverkäuferin in sehr gewandtem Schulenglisch. Gute Frage. Eine noch bessere Frage ist: Was für Blumen würde K. Witz wollen? Für einen Moment bin ich ratlos. Auf jeden Fall Schnittblumen. Eine Topfpflanze wäre ein zu großes

Risiko. Was, wenn er vergisst, sie zu gießen, und sie geht ein? Dann würde mein Anblick ihn ständig an die Pflanze erinnern, die er auf dem Gewissen hat. Kein guter Anfang für eine freundschaftliche Beziehung.

Also Schnittblumen. Aber welche? Mein Blick schweift über das Angebot. Teuer sollten sie sein. Damit er sieht, dass ich seine Einladung zu schätzen weiß. Aber nicht zu exotisch. Jemand, der einen Dackel hat, ist sicher nicht so sehr für exotische Dinge zu haben.

Ein Blick in die nächste Ecke, und ich habe genau die richtigen Blumen gefunden: Rosen. Wunderschöne, langstielige rote Rosen. Erfreut zeige ich sie der Floristin. »Ich nehme ein Dutzend davon«, erkläre ich, während ich darauf zeige. Sie sind perfekt.

»Oh, für jemand ganz Besonderes«, sagt sie. »Sie müssen sie sehr lieb haben.«

»Es ist ein Er«, korrigiere ich sie. »Mein Nachbar. Er hat mich und ein paar Freunde zum Abendessen eingeladen.«

Sie zögert. »Ich würde sie Ihnen gern verkaufen. Aber in Deutschland bedeuten rote Rosen, dass Sie die Person, der Sie sie geben, lieben.«

Natürlich möchte ich ein guter Freund von K. Witz sein. Aber so gut nun auch wieder nicht.

»Warum nehmen Sie nicht diese Tulpen?«, fährt sie fort, weil sie die Verwirrung in meinem Gesicht sieht.

Warum nicht?

Diese wundervolle Frau hat mich davor bewahrt, einen fürchterlichen Trottel aus mir zu machen. Ich stimme zu, dass Tulpen die bessere Wahl sind, und so macht sie sich daran, sie einzuwickeln.

»In Klarsichtfolie oder normales Papier?« möchte sie wissen.

»Klarsichtfolie«, antworte ich. Was sonst? Ich möchte, dass er überwältigt ist, sobald sein Blick darauf fällt.

Sie packt die Blumen ein und reicht sie mir mit einem ermutigenden Lächeln. »Vergessen Sie nicht, sie auszupacken, bevor Sie sie überreichen.«

Was? Auspacken? Warum werden sie dann überhaupt eingepackt? Vielleicht, damit er sicher sein kann, dass ich sie gekauft habe. Vielleicht würde er sonst denken, dass ich sie gestohlen habe. Vom Friedhof zum Beispiel.

Ich danke ihr. Wieder und immer wieder. Sie hat mich gerettet. Gott sei Dank! Aber nun kann ja nichts mehr schief gehen.

Ich möchte nicht als erster Gast ankommen. Deshalb halte ich mein leeres Wasserglas an die Wand zu K. Witz' Wohnung. Acht Uhr. Nichts. Er hat Samstagabend gesagt, da bin ich mir sicher. Um genau 8.15 Uhr geht die Eingangstür mit lautem Getöse auf. Wie merkwürdig: Deutsche, die zu spät kommen. Sie gehen durch den Flur, lachend und schwatzend, zur Wohnung meines Nachbarn. Er öffnet die Tür und man begrüßt sich unter lauten, fröhlichen Hallos.

Ich rücke meine Krawatte zurecht, mache mich bereit. Jetzt gilt es.

Mit einem Ruck reiße ich die orangefarbenen und gelben Tulpen aus dem Eimer mit Wasser, der einsatzbereit bei der Tür steht. Wie kleine Ballerinen, die auf ihren großen Auftritt warten, sehen sie aus. Ich stürme aus meiner Wohnung, eile hinüber zu K. Witz und klingele.

Plötzlich erinnere ich mich an die mahnenden Worte der Floristin: »Vergessen Sie nicht, sie auszupacken.«

Oh je, er kommt. Ich höre, wie er sich der Tür nähert. Jetzt aber schnell. Herunter mit dem Zellophan, bevor er sie öffnet. Schneller!

Nachdem der Klebestreifen entfernt ist, reiße ich die Verpackung mit einem Ruck herunter.

Bingo!

Mit einem Klick öffnet sich die Tür. K. Witz und zwei seiner Gäste blicken mich neugierig an. Dann fällt ihr Blick auf meine Hose. Und auf die Wasserpfütze zu meinen Füßen.

Das Wasser aus dem Eimer hatte sich in den Falten des Zellophans gesammelt. Und ist dann herausgespritzt, als ich die Folie abriss. Nun ist es überall. Aber das meiste hat sich über die Vorderseite meiner Hose ergossen. Mein Schritt ist komplett durchnässt.

In diesem Augenblick bin ich nur für eines dankbar: Wenigstens halte ich keine roten Rosen in der Hand.

Klint Ostholz kauft ein

Ich? Kochen? Wozu das denn?

Amerikaner kochen nicht. Es ist einfach nicht bequem. Überhaupt nicht. Ein Amerikaner geht in ein Restaurant. Oder er kauft sich – wenn er denn zu Hause essen muss – ein Fertiggericht und macht es sich in der Mikrowelle warm. Als Nächstes wird in Amerika wohl eine Maschine erfunden werden, die das Essen nicht nur kocht, sondern es auch noch selbst verspeist. Was das an Zeit sparen würde – nicht auszudenken! Und es würde alles so vereinfachen: Kein Amerikaner müsste jemals wieder kauen.

Aber ich bin nicht in Amerika. Nicht mehr. Ich bin in Deutschland.

»Du kannst nicht kochen?!« stößt Roswitha staunend hervor. Ihre Reaktion überrascht mich.

»Amerikaner kochen nicht. Wir bereiten Mahlzeiten zu«, konstatiere ich mit Nachdruck.

Roswitha ist verwirrt: »Mahlzeiten zubereiten? Ohne zu kochen?«

»Aber sicher«, antworte ich mit einem wissenden Kopfnicken. »In Amerika essen wir die wundervollsten Gerichte, die du dir nur vorstellen kannst. Aber«, füge ich hinzu und grinse ein ganz kleines bisschen, »wir haben es nicht nötig, sie zu kochen.«

»Ist das wahr? Warum machst du nicht mal eins für mich?« schlägt sie vor, offensichtlich fasziniert von dieser Möglichkeit.

Mein Herz geht bumm, bumm, bumm. Ganz ruhig bleiben, sage ich mir. Schließlich ist Roswitha sehr schön, und sie hat sich soeben zu mir nach Hause eingeladen. Wie könnte ich da nein sagen?

Also sage ich ja.

Irre. Absolut irre. Bis zu diesem Zeitpunkt hat kaum jemand ein Wort an mich gerichtet. Und jetzt kommt Roswitha zu mir nach Hause. Wahrscheinlich trägt auch mein neuer Haarschnitt dazu bei. Viel sogar. Heute Morgen habe ich festgestellt, dass ich wirklich ein bisschen wie Clint Eastwood aussehe, wenn ich die Augen zusammenkneife. Aber jetzt, wo ich in Deutschland bin, muss es wohl Klint Ostholz heißen.

Ich straffe meine Schultern und schiebe beide Daumen lässig unter meinen Gürtel. »Sag mal«, frage ich, »wo kann ich in dieser Stadt die beste Marmelade kaufen?« Wenn ich schon eine Mahlzeit zubereiten soll – so viel weiß ich –, muss ich die besten Zutaten besorgen.

Warum schaut sie mich so komisch an?

»In jedem Supermarkt gibt es eine gute Auswahl. Willst du denn etwas Besonderes?« fragt sie.

Was für eine Frage! Kommt sie denn nicht darauf, dass ich ihretwegen etwas Besonderes möchte?

»Eine sehr gute Erdbeermarmelade«, antworte ich und ziehe meine Brauen hoch, damit sie sieht, wie gut ich mich auskenne. »Erdbeermarmelade passt am besten zu Erdnussbutter.«

»Erdnussbutter?« Sie presst das Wort hervor, ist kaum fähig, es zu artikulieren. Ich kann sehen, dass sie beeindruckt ist. Erdnussbutter ist exotisch. Super. Da bin ich jetzt auch exotisch.

»Ein Freund aus den Staaten hat mir eine tolle Erdnussbutter geschickt. Ganz cremig«, erzähle ich ihr.

Eigentlich möchte ich ihr noch erzählen, dass er mir auch großartiges Toilettenpapier geschickt hat. Ganz, ganz weiches. Aber dass soll sie besser selbst herausfinden. Auf diese Weise ist es aufregender.

»Es wird getoastete Erdnussbutter-Sandwiches mit Erdbeermarmelade geben. Und welche ohne Marmelade. Die meisten Amerikaner essen sie pur«, füge ich hinzu. »Oder möchtest du lieber Erdnussbutter und Mayonnaise?«

Roswitha macht einen kleinen, unsicheren Schritt rückwärts. Ich nehme an, dass sie sich des Verlangens erwehren muß, das sie überkommen hat. Nach der Erdnussbutter? Oder nach mir?

»Eigentlich wollte ich die Mayonnaise aber für das Dessert aufheben.«

Allein schon der Gedanke scheint sie zu elektrifizieren.

»Dessert? In einer Schüssel? So wie Eis?« stottert sie. Nicht nur, dass sie schön ist, nein, sie ist auch so süß naiv. Ich brenne darauf, sie in meine Arme zu nehmen und sie zu beschützen. Ganz genau so wie Klint Ostgehölz.

»Nein, nein – auf einer Banane«, erkläre ich. Wir Amerikaner haben der Welt so viel zu geben.

»Man schneidet eine Banane der Länge nach auf. Legt die beiden Hälften auf einen Teller. Bestreicht beide mit einer dicken Schicht Erdnussbutter. Und krönt das Ganze mit einem dicken Überzug aus Mayonnaise. Das ist superlecker.«

»Oh, da bin ich sicher«, räumt sie ein. Kann es sein, dass sie die Zähne zusammenbeißt? »Aber der menschliche Körper braucht doch auch etwas Frisches. Ich weiß, dass meiner das braucht. Vielleicht ein oder zwei frische Gemüse?« schlägt sie hoffnungsvoll vor. Warum nicht? Ich will schließlich nicht diesen phantastischen Körper gefährden. Aber die wundervolle Roswitha hat mich damit in große Schwierigkeiten gebracht: Ich war in Deutschland noch nie Lebensmittel einkaufen. Nicht ein einziges Mal. Seit meiner Ankunft hier habe ich jeden Tag morgens, mittags und abends in einem Restaurant gegessen. Das schien die einfachste Lösung zu sein, um nicht zu verhungern.

Aber: Würde ein Klint Osterwald jetzt einen Rückzieher machen? Im Leben nicht! Soll ich einen Kotau vor meiner Vergangenheit machen? Nie!

Nun schiebe ich also einen Einkaufswagen kreuz und quer durch die Gänge des Supermarktes bei mir um die Ecke. Klint auf der Pirsch. Weil ich die deutschen Schildchen nicht lesen kann, nehme ich mir vor, mich auf meine Sinne zu verlassen: Was gut aussieht, gut riecht und sich gut anfühlt, das werde ich nehmen.

Mit Tomaten kann man – was frisches Gemüse angeht – nichts verkehrt machen. Ich kann sie zerschneiden, Salz und Pfeffer hinzufügen, alles durchmischen und – hast du's nicht gesehen: bitte sehr, Roswitha, greif zu.

Als ich mich der Obst- und Gemüseabteilung nähere, stelle ich fest, dass deutsche Tomaten genau so aussehen wie die Tomaten, die ich im amerikanischen Fernsehen gesehen habe. Das ist beruhigend. Sehr sogar. Wo ich doch zum ersten Mal in meinem Leben Tomaten kaufe. Aber was soll's? Schließlich bin ich auf der Suche nach neuen Erfahrungen in dieses Land gekommen.

Ich kneife die Augen zusammen und schlendere zu den Regalen hinüber. Okay, Tomaten, rettet meinen Tag! Das sollte leicht sein. Keine Risse. Keine dunklen Flecken. Was darunter steckt, weiß man natürlich nicht. Ich hebe eine hoch und drehe sie um. Igitt. Fühlt sich irgendwie schlecht an. Behutsam drücke ich die Tomate. Ich bin mir sicher, dass sie zu weich ist. Ich lege sie zurück und nehme eine andere. Auch die – zu weich. Warum starren all diese Frauen mich bloß so an? Haben die noch nie einen Mann Tomaten kaufen sehen?

Ich nehme eine weitere Tomate auf, die dunkler als die anderen aussieht. Ahhh. Gut. Ich führe sie an meine Nase und rieche an ihr. Sie riecht nach nichts. Nach absolut gar nichts. Ich lege sie zurück und erspähe eine andere dunkelrote. Sie ist sehr weich. Fatalerweise. Denn ich habe sie nur ganz zart angefasst, da hat mein Finger schon ein Loch gebohrt. Ich bleibe ganz cool. Ich betrachte sie sorgfältig. Und dann lege ich sie zurück zu den anderen Tomaten, wobei ich ganz beiläufig ein paar von den anderen darüber schichte.

Es ist kaum zu glauben, aber ich muss Dutzende von Tomaten drücken und beschnuppern, ehe ich drei finde, die geeignet sind. Wenn Roswitha ihr Gemüse frisch haben möchte, dann sollten es schließlich noch ein wenig knackig sein, wenn sie hineinbeißt.

Schließlich habe ich, was ich brauche. Aber es hat mich Stunden gekostet. Kein Wunder, dass die Deutschen jeden Tag einkaufen gehen müssen. Sie werden niemals fertig damit.

Ich schiebe den Einkaufswagen in Richtung Kasse. Aber etwa zehn Frauen stellen sich mir in den Weg. Alle schauen sie auf mich. Ich schenke ihnen ein gewinnendes, leicht sardonisches Lächeln wie Ihr-wisst-schon-wer. Sie aber heben ihre Hände, strecken sie mir entgegen. Vielleicht haben sie noch nie einen Amerikaner gesehen und möchten nur mal einen anfassen. Plötzlich merke ich, dass am Ende jeder dieser Hände ein Finger ist und dass die alle auf mich zeigen. Schlimmer noch, alle diese Finger haben so etwas Schimmerndes an sich. Ich schaue näher hin. Jede Hand trägt eine Art Handschuh. Einen dünnen, durchsichtigen Plastikhandschuh.

Jetzt erinnere ich mich: In der Gemüseabteilung hingen zwei Rollen mit Plastik. Ich hatte angenommen, dass das zwei Sorten von Plastiktüten seien, in die man das Obst und das Gemüse füllen könnte. Ich hatte noch gedacht, dass die eine Sorte eine sehr merkwürdige Tüte darstellte. Vielleicht für Trauben, hatte ich gerätselt. Aber diese schlanken Schläuche sind nicht dazu da, mit Trauben vollgestopft zu werden. Ganz und gar nicht. Ich habe eine plötzliche Eingebung: Sie sind für die Finger!

Eine der Frauen tritt vor. Was hält sie da? Einen Zettel mit Schrift und ein paar Zahlen darauf. Ihre Lippen beben. Ihre Nase zuckt. Ich habe den Eindruck, dass sie wütend ist. Mit ihrem rechten Zeigefinger, der mit Plastik umhüllt ist, zeigt sie auf mich und beginnt dann, in einer Art Englisch zu radebrechen: »Hands touch. No, no. Obst touch, no. De vegetables also not. No, no, no.« Dabei schüttelt sie die ganze Zeit ihren Kopf hin und her. Ich bete, dass er sich nicht lockern und durch den Supermarkt fliegen möge. Aber er scheint so fest mit ihrem Körper verbunden zu sein wie der Finger, mit dem sie mir unablässig droht. Wenn ich sie richtig verstehe, beschwert sie sich darüber, dass ich Obst und Gemüse mit den bloßen Händen angefasst habe. Das ist es also. Ohne kleine Plastikhandschuhe kein frisches Gemüse.

Angelockt durch den Tumult kommt der Filialleiter herbeigelaufen. An der Miene, die er macht, während er sich die Vorwürfe gegen mich anhört, erkenne ich, dass ich in großen Schwierigkeiten stecke. Die Frau hält dem Manager einen Zettel hin. Den mit den Wörtern und den Zahlen drauf. Er nimmt ihn, schaut mich an und sagt auf Englisch: »43 Tomaten. Die haben Sie alle angefasst.« Die Lady hat aufmerksamer mitgezählt als ich. Was nun? Was würde Klint tun?

»Bezahlen«, antworte ich bescheiden. »Bezahlen.« Lächeln ringsherum. Viel Lächeln. Noch mehr Lächeln. Ich habe anscheinend das Richtige getan. Wir schreiten alle ganz glücklich zurück zu den Tomaten. Ich. Die Ladies. Der Filialleiter. Als wir dort ankommen, wiederhole ich: »Bezahlen. 43 Tomaten. Bezahlen.« Die Reaktion, die ich erhalte, entspricht nicht ganz meinen Erwartungen nach diesem großzügigen Angebot. Die Blicke, die mich treffen, sind skeptisch. Die Ladies scheinen grimmig. Der Filialleiter sieht traurig aus. Höchst traurig.

Welche 43 Tomaten? Wie finden wir die heraus, die ich angefasst habe? Und an denen ich gerochen habe? Sie sehen alle gleich aus. Und unglücklicherweise hat die Frau mit der Liste nicht notiert, welches die Schuldigen sind. Ein echter Aussetzer deutscher Tüchtigkeit.

Was kann ich denn noch tun? Mit einer weit ausholenden Geste, die alle Tomaten der Auslage einbezieht, erkläre ich meine Bereitschaft: »Alle. Alle bezahlen.«

»Und was ist mit den Äpfeln? Den Kartoffeln? Den anderen Sachen, die Sie angefasst haben?« fragt der Filialleiter.

Du meine Güte! Sind die etwa auch alle auf der Liste? Ich habe sie nur hochgenommen, um sie mir anzusehen. So als eine Art Training, falls Roswitha ihren Besuch jemals wiederholen sollte. Indem ich mit einer Handbewegung alle Obst- und Gemüsesorten der Frischeabteilung einbeziehe, erkläre ich mich gnädig bereit: »Alle. Auch alle bezahlen.« Nicht nur, dass die Tomaten meinen Tag nicht gerettet haben, sie und ihre Verwandten scheinen nun mein ganzes Bankkonto leerräumen zu wollen.

Der Filialleiter wendet sich der Menge zu und sagt sehr schnell etwas auf Deutsch.

Plötzlich kommt Bewegung in die Frauen. Sie stürmen zurück in den Eingangsbereich, schnappen sich die Einkaufswagen und wirbeln zurück zu den Tomaten. Mit Feuereifer packen sie sie alle in ihre Wagen. Dasselbe machen sie mit dem übrigen Obst und Gemüse, bis die Regale leer sind. Seitdem ich in Deutschland bin, habe ich noch nie so viele glückliche Frauen gesehen. Sie lachen und schnattern. Laufen hierhin und dorthin. Und sammeln das Obst und das Gemüse zusammen, das meine Finger angeblich verdorben haben.

Was soll das? Was machen diese Weltmeister der Gerechtigkeit? In ungläubigem Staunen sehe ich zu, wie ein Einkaufswagen nach dem anderen abgefüllt wird. Jede einzelne der Frauen hat im Handumdrehen einen Wagen bis zum Rand mit dem verseuchten Obst und Gemüse voll gepackt. Als sie mit dem Einsammeln fertig sind, verstopfen die Wagen die Durchgänge. Die Ladies ziehen jetzt eine nach der anderen an mir vorbei, und jede lässt dabei einen Wortschwall auf Deutsch los. Von dem ich kein einziges Wort verstehe. Jede Einzelne zieht zunächst den dünnen Plastikhandschuh aus und schüttelt mir dann mit wirklichem Vergnügen die Hand, bevor sie sich mit ihren Schätzen zur Tür herausquält. Wie seltsam! Noch vor einer halben Stunde war das, was sich jetzt in den Einkaufswagen befindet, ungenießbar, weil Obst und Gemüse von meinen testenden und tatschenden Fingern besudelt worden waren. Und jetzt wird alles in glücklichem Triumph nach Hause geschleppt. Verstehe ich das richtig?

Es scheint ein spezieller Zauber zu sein: In Deutschland darf man Obst und Gemüse nicht anfassen, weil man es sonst nicht nach Hause tragen und essen kann. Aber wenn es das so befummelte Obst und Gemüse gratis gibt, wird es wieder genießbar. So dass all diese Hausfrauen es jetzt nach Hause tragen und an ihre ahnungslosen Familien verfüttern können.

Total verwirrt verabschiede ich mich von dem Filial-leiter. Auch er schüttelt mir die Hand, obwohl die sich so ungehörig benommen hat. Noch ein letzter Blick auf die leeren Obst- und Gemüseregale, dann strebe ich zu McDo-nald's. Da kann ich schließlich auch Salate bekommen: einen »Chef« und einen »Mexikanisch«. Viel frischer geht's nicht. Und Roswitha kann sogar auswählen. Mit Sicherheit ist es genau das, was Klint tun würde.

Crash

Ich mag meinen Augen nicht trauen. Aber da ist es. Mein Foto. Ganz groß in unserer Lokalzeitung. Noch schlimmer als das Bild ist die Schlagzeile darüber: »Homo Destructivus«. In dicken, fetten Lettern. Aber mein gequälter Gesichtsausdruck auf dem Foto spricht für sich. Er zeigt ganz deutlich, dass ich nicht der »Zerstörer« bin, sondern der »Zerstörte«.

Eigentlich ist Wilfried der wahre Schuldige. Daran gibt es für mich überhaupt keinen Zweifel. Wenn ich so darüber nachdenke, bin ich von Wilfried immer schlecht beraten worden. Ich erinnere mich an das Frühstück mit ihm in der ersten Woche meines Deutschlandaufenthaltes.

»Kannst du mir etwas empfehlen?« fragte ich. Damals war ich eben sehr naiv.

»Ich würde ein typisches Düsseldorfer Frühstück vorschlagen«, antwortete er. »So was vermittelt das richtige Lokalkolorit.«

Gar keine schlechte Idee. »Wunderbar«, sagte ich und fügte noch aufmunternd hinzu: »Also, dann bestell mal für mich.«

»Bist du wirklich sicher?« wollte er wissen.

»Aber klar«, sagte ich glücklich lächelnd. Toll, mein erstes richtiges deutsches Frühstück. Nein, da musste ich mich korrigieren. Nicht nur deutsches, sondern sogar Düsseldorfer Frühstück! Wie viele meiner Freunde in New York konnten so etwas schon vorweisen? Kein einziger.

»Und das essen die echten Düsseldorfer jeden Morgen?« fragte ich ungläubig, als der Teller vor mir abgestellt wurde.

»Das ist absolut typisch«, versicherte Wilfried mir.

»Sauerkraut und Altbier? Wirklich?« fragte ich noch einmal misstrauisch.

Er musste die Skepsis in meiner Stimme bemerkt haben.

»Aber ja doch«, antwortete er. Dabei legte er die Hand auf's Herz.

»Und was ist das da bei den Zwiebeln für ein Zeug?«
fragte ich und schob es auf meinem Teller hin und her.
Hoffentlich lebte es nicht noch! Schlimmer hätte es nicht
kommen können.

»Blutwurst«, klärte er mich auf.

Oh doch. Es kann noch schlimmer kommen. Viel
schlimmer.

Weil er mein Unbehagen spürte, setzte er hinzu: »Mein
Großvater hat das zweimal täglich gegessen. Und er ist 87
geworden.«

Und wenn er das nicht gegessen hätte, würde er vermutlich noch leben, dachte ich so bei mir.

Wieso also habe ich mich nach dieser Erfahrung mit
Wilfried bloß von ihm dazu überreden lassen, mir ein Auto
mit Gangschaltung zu kaufen? Warum bin ich nicht einfach losgezogen und habe mir einen Automatik-Wagen gekauft, wie ich es vorhatte. Als der seine Bequemlichkeit lie-
bende Amerikaner, der ich nun mal bin? Aber nein. Ich
musste auf Wilfried hören.

»Wagen mit Automatik verbrauchen zu viel Energie«,
konstatierte er. Man spürte etwas von dem deutschen Enthusiasmus für alles Grüne. »Außerdem verpesten sie ganz
fürchterlich die Luft.«

Nach einer Viertelstunde hatte ich ein so schlechtes Gewissen, dass mir klar war: Meine geliebte Automatik
konnte ich vergessen. Selbst wenn ich sie gekauft hätte, so
hätte ich mich doch beim Fahren niemals wohl damit gefühlt. Und irgendwie machte es keinen Sinn, ein Auto zu
kaufen, nur um es dann wegen Schuldgefühlen für alle
Zeiten irgendwo hinzustellen.

Woher hätte ich denn wissen sollen, dass das Fahren
mit einer Gangschaltung so schreckliche Folgen nach sich
ziehen würde? Viel schrecklichere noch als die ökologi-
schen Verwüstungen, die Wilfried mir ausgemalt hatte.

Der Tag hat ganz normal begonnen. Ohne besondere
Vorkommnisse. Ich komme gut vorwärts. Es hat sogar
aufgehört zu regnen, was für Düsseldorf ungewöhnlich ist.

Die Straßen sind aber noch nass, deshalb muss ich vorsichtig fahren. Was mir nicht ungelegen kommt. Denn ich fahre nun seit 20 Minuten und habe es immer noch nicht fertig gebracht, den zweiten Gang einzulegen. Jedes Mal, wenn ich versuche auszukuppeln, gibt es ein Geräusch, als ob die Unterseite des Wagens über das Pflaster schleifen würde. Besonders jetzt, als ich beschleunige, um über die Kreuzung zu kommen. Aber nachdem ich nun dreimal angehalten habe, ausgestiegen bin und die Sache überprüft habe, kann ich wohl davon ausgehen, dass dies nicht der Fall ist.

Auf der anderen Seite der Kreuzung angekommen, finde ich mich in der Hüttenstraße wieder. So gut es mir eben möglich ist, fahre ich weiter, und dabei höre ich zufrieden Musik. Gerade ist es Fats Domino. Er singt einen meiner alten Lieblingstitel: »Blueberry Hill«. Vielleicht wäre nichts passiert, wenn ich bei Fats Domino geblieben wäre. Aber nun kommt Elvis mit dem »Heartbreak Hotel«. Bei Elvis the Pelvis reicht es nicht aus mitzusingen. Bei Elvis kann man nicht anders, als sich zu der Musik zu bewegen und mitzugrooven. Der Körper macht das ganz automatisch. Also swingen meine Hüften auf dem Fahrersitz mit. Bewegen sich energisch links – rechts – links – rechts im Takt mit der Musik.

Die Musik macht mich wirklich an. Vielleicht ein bisschen zu sehr. Denn gerade, als Elvis und ich singen: »Ich fühle mich so allein, dass ich sterben könnte«, tue ich das. Nicht wörtlich natürlich. Aber ich schlage im Rhythmus der Musik mit dem Kopf nach vorne, so dass er nun auf dem Lenkrad liegt. Und starre versonnen auf das Kupplungspedal, das ich lieber hätte benutzen sollen. Wenn ich denn wüßte, wie man das macht.

Irgendein Instinkt sagt mir, dass ich besser aufschauen sollte – und zwar schnell. So sehe ich gerade noch, wie ein Autofahrer seelenruhig rückwärts aus einer Parklücke heraussetzt. Sieht er mich denn nicht kommen? Oder glaubt er, dass er noch jede Menge Zeit hat, um zurückzusetzen und dann wegzufahren, bevor ich ihn erreiche? Aber ich erkenne sofort, dass es mir nicht möglich sein wird, rechtzeitig zum Stillstand zu kommen. Führe ich jetzt einen Automatik-Wagen, würde ich ganz einfach das Gaspedal durchtreten und um das Hindernis herumfahren. Auf der Gegenfahrbahn kommt nämlich nichts. So würden wir beide ungeschoren davonkommen. Auch Bremsen wäre eine prima Alternative.

Und uns beiden würde auch nichts passieren, wenn ich den ersten Gang eingelegt lassen und dann einfach Gas geben und ausweichen würde. Aber ich bin vollkommen fixiert darauf, dass ich in diesem merkwürdigen Auto unbedingt kuppeln und schalten muß, wenn etwas Ungewöhnliches passiert. Deshalb versuche ich auch in diesem heiklen Augenblick, in den zweiten Gang zu wechseln. Es ist schon so, wie ich es dem Richter später erkläre: Das werde ich selbst niemals begreifen. Nie und nimmer.

Während ich also vergeblich am Schalthebel herumzerre, merke ich überhaupt nicht, dass ich das andere Auto anfahre. Klar, mein Auto bewegt sich kaum vorwärts, weil es ja im ersten Gang dahinkriecht. Und das andere bewegt sich auch kaum, weil sein Fahrer es vorsichtig aus seiner Parklücke heraussteuert. Der ganze Unfall besteht also aus einem ganz leichten Stubser. Ehrlich.

In Amerika stoßen die Leute mit ihren Fahrzeugen manchmal volle Pulle zusammen und fahren einfach weiter. Ich habe einmal ein Auto gesehen, das nach einem Unfall nur noch drei Räder hatte. Trotzdem fuhr es weiter. Aber in Deutschland ist das anders. Ganz anders. Angesichts der Reaktion des Fahrers könnte man meinen, dass ich sein Fahrzeug soeben mit einem Panzer überrollt hätte. Er springt aus seinem Auto, schreit und brüllt.

Hastig steige auch ich aus. Ich besehe mir mein Vehikel von vorne. Nichts. Ein kurzer Blick auf das andere Auto bestätigt mir: kein Schaden. Weder eine Delle noch eine Schramme zu sehen. Der andere Typ aber hüpft hysterisch herum, springt wie Rumpelstilzchen hin und her und schreit Zeter und Mordio. Ob ich mal meine Augen untersuchen lassen sollte?

Das Beste wird sein, zuerst mal mein Auto aus dem Weg zu schaffen. Unsere beiden Wagen blockieren nämlich die gesamte Hüttenstraße, und ich sehe, dass aus beiden Richtungen Straßenbahnen auf uns zukommen. Wegen eines so unbedeutenden Zwischenfalls muß man ja nun keinen großen Verkehrsstau entstehen lassen.

Ich springe also, so schnell ich kann, wieder in mein Auto und drehe den Zündschlüssel herum. Was mache ich jetzt am besten? Vorwärts im vertrauten 1. Gang kann ich nicht, weil sein Wagen mir den Weg versperrt. Aber auf dem Schaltknüppel gibt es ein Diagramm, das klar verständlich zeigt, wo der Rückwärtsgang zu finden ist. Und schließlich finde ich ihn auch. Endlich! Vielleicht bin ich ja inspiriert worden durch das, was derweil draußen geschieht. Wie ein wildgewordener Stier hat der andere Fahrer mein Auto angegriffen und sich gegen die Motorhaube geworfen. Je schneller ich mein Auto aus dem Weg schaffe, desto eher können wir beide diese Angelegenheit so vernünftig regeln, wie das unter Erwachsenen üblich ist.

Wenn es nur um uns beide ginge. Aber plötzlich läuft ein Fußgänger, der das Geschehen vom Gehweg aus verfolgt hat, auf die Straße. Er baut sich direkt hinter meinem Wagen auf. Resolut stemmt er seine Hände gegen die Rückseite des Wagens und drückt anscheinend mit aller Macht dagegen. Mittlerweile rufen ein paar Leute, so laut sie nur können, dasselbe verhängnisvolle Wort: »Polizei!«

Was ist denn bloß los hier? Ich drehe den Schlüssel um und stelle den Motor ab. Zu spät. Ihr Geschrei ist schon erhört worden: Mit heulenden Sirenen halten zwei Polizeiautos vor uns. Ein Polizeiauto und ein Motorrad kommen hinter uns zum Stehen. Es würde mich nicht überraschen, wenn jetzt auch noch die berittene Polizei herangaloppieren würde. Stattdessen erscheinen jetzt auch noch ein Kranken- und ein Feuerwehrwagen auf der Bildfläche. Machen sie das, um in Übung zu bleiben?

Vorsichtig schäle ich mich aus der schützenden Hülle meines Wagens heraus. Der andere Fahrer spricht mit einem der Polizisten. Wobei »sprechen« eigentlich nicht die richtige Bezeichnung ist. Schreien? Kreischen? Brüllen? Alle diese Ausdrücke erscheinen mir angemessener. Die ganze Zeit über zeigt er mit dem Finger in meine Richtung.

Der hilfsbereite Fußgänger hört nicht auf, hilfsbereit zu sein. Er steht dabei, und sein Kopf bewegt sich heftig von oben nach unten in offensichtlicher Zustimmung. Und es dauert nicht lange, bis ich zu meinem Erschrecken vernehme, worüber die beiden sich so einig sind. Ich werde der »Fahrerflucht« beschuldigt. Wie kann ich ihnen begreiflich machen, dass auch ich nur hilfsbereit sein wollte? Dass ich nur die Straße frei machen wollte, damit der übrige Verkehr weiterrollen kann. Der Verkehr, der jetzt bereits in beide Richtungen auf mindestens einen Kilometer zum Erliegen gekommen ist.

Nach der Feststellung, dass niemand verletzt wurde und auch keine unmittelbare Feuergefahr besteht, bedeutet die Polizei dem Krankenwagen und den Feuerwehrleuten, dass sie abfahren können. Sie fahren ab – allerdings nicht, ohne dass beide Fahrer mir versichern, das ich eine Rechnung für ihre Dienste erhalten werde. Eine Rechnung? Sie wollen Geld von mir? Das ist doch verrückt! Ich habe sie nicht gerufen. Sie haben auch nichts für mich getan, und nun wollen sie mein Geld? Wofür? Bezahlt die Stadtverwaltung sie nicht? Und finanziere ich sie denn nicht sowieso durch die Steuern, die ich hier in Deutschland bezahle?

In der Zwischenzeit sind die Polizisten fleißig. Du lieber Gott, sind die fleißig. Einer hat eine Kamera, mit der er Bilder macht – wovon auch immer. Es ist ja gar nichts zu sehen. Ein anderer misst mit einem Metermaß Entfernungen aus. Ein Dritter kriecht auf allen Vieren die Straße entlang, wobei er Kreidemarkierungen auf dem Pflaster anbringt. Es würde mich nicht überraschen, wenn er auch noch die Umrisse eines Körpers zeichnen würde. Nur so, um zu zeigen, dass er das kann. Eine Polizistin befragt

Zeugen und schreibt pflichtbewusst alles Wort für Wort auf.

In diesem Moment kommt ein Abschleppwagen, hakt mein Auto ein und macht Anstalten, davonzufahren. Um ehrlich zu sein, im Augenblick lege ich keinen großen Wert darauf, mein Knüppelschalt-Monster, das nichts als Ärger macht, wiederzusehen. Aber es hat mich viel Geld gekostet. Ich könnte es wenigstens verkaufen. Vielleicht braucht Wilfried ja ein fast funkelnagelneues Auto.

Also laufe ich hinüber zum nächsten Polizisten. Das ist zufälligerweise der, der auf allen Vieren herumrutscht. Ich werfe mich neben ihn. Ich flehe ihn an, den Abschleppwagen anzuhalten. Er macht mir klar, dass der Wagen als Beweismittel sichergestellt wird. Ich werde beschuldigt, einen Unfall verursacht und, was viel schlimmer ist, Fahrerflucht begangen zu haben.

Jetzt verlangt die Polizistin meinen Paß. Zusammen mit meiner Aufenthaltserlaubnis steckt sie ihn dann dorthin, wo ich es niemals wagen würde, ihn mir zurückzunehmen: in ihre Brusttasche. Nun kann ich also den Klauen des Gesetzes nicht mehr entkommen. Ich bin den deutschen Behörden ausgeliefert. Und nachdem sie alle benötigten Auskünfte einschließlich aller Einzelheiten über mein Bankkonto von mir bekommen haben, darf ich mich frei in Düsseldorf bewegen. Nicht in Deutschland. Nur Düsseldorf.

Beim Davongehen drehe ich mich noch einmal um, um den Abtransport meines Autos zu verfolgen. Das Schauspiel, das sich mir bietet, überrascht mich denn doch: lange Schlangen von Autos, Lastwagen und Straßenbahnen in alle Richtungen. Die Lokalzeitung wird es später als das größte Verkehrschaos in der Geschichte Düsseldorfs bezeichnen. Und weshalb das Ganze? Da war noch nicht mal ein kleiner Kratzer!

Ein Flirren am Himmel erregt meine Aufmerksamkeit. Eine Taube ist vorbeigeflogen und hat dabei eine Feder verloren. Die Feder schwebt nach unten – sachte, ganz sachte – und landet (wo auch sonst?) auf dem Dach des anderen Fahrzeugs. Ich warte nur darauf, das der andere Fahrer jetzt wieder ausrastet. Wird er verlangen, dass die Taube ebenfalls wegen Sachbeschädigung und Fahrerflucht verhaftet wird? Er tut es nicht. Aber ich vermute, nur deshalb nicht, weil er von dem Luftangriff auf sein Auto nichts mitbekommen hat.

Mit meinem schweren Aktenkoffer und einer Plastiktüte erreiche ich schließlich einen Taxistand. Erschöpft klettere ich auf den Rücksitz. Oh ja, ich weiß. In Deutschland sollte man sich nach vorne auf den Beifahrersitz setzen. Es ist unhöflich, hinten zu sitzen. Nun, das ist genau das, was ich im Moment sein möchte: grob unhöflich. Man hat mich schlecht behandelt. Warum soll ich jetzt nicht auch jemanden schlecht behandeln? Vielleicht fühle ich mich danach wenigstens ein bisschen besser. Ich nenne dem Fahrer meine Adresse, lehne mich zurück und atme tief durch.

Wir kommen bei meiner Wohnung an. Was dann passiert, lässt mich wünschen, netter zu dem Taxifahrer gewesen zu sein. Sehr viel netter sogar. Denn wenn ich das gewesen wäre, wäre er jetzt vielleicht nachsichtiger. Vielleicht aber auch nicht. Vielleicht ist es mein Schicksal, Düsseldorfs »Homo Destructivus« zu sein.

Mit Jeans gibt es da so ein Problem: Im Sitzen ist es schwierig, Geld oder etwas anderes aus den Vordertaschen zu ziehen. Also muss ich aus dem Taxi steigen und mich aufrichten, um an das Fahrgeld zu kommen. Beides mache ich auch. Der Fahrer fährt die Fensterscheibe herunter. Mit der linken Hand ziehe ich ein paar Geldscheine heraus. Und jetzt begehe ich meinen großen Fehler. Es ist ein sehr, sehr großer. Ein gigantischer. Weil ich die rechte Hand zum Abzählen des Geldes brauche, lege ich meinen Aktenkoffer – ja, meinen großen, schweren Aktenkoffer – auf dem Dach des Taxis ab. Wie konnte ich nur so unbedarft handeln? So gänzlich gedankenlos? Nach allem, was gerade passiert ist.

Der Fahrer schreit Zeter und Mordio. Ich habe keine

Ahnung, was er da zetert. Aber ich weiß sofort, dass es nicht um angenehme Dinge geht. Hastig greife ich nach oben und entferne den Aktenkoffer. Hebe ihn behutsam herunter. Das ist die reine Wahrheit. Jawohl. Aus den Augenwinkeln nehme ich wahr, dass ich die Einkaufstüte auf dem Rücksitz habe liegen lassen. Hätte ich den Aktenkoffer doch bloß auch vergessen, denke ich so bei mir.

Der Fahrer schreit immer noch. Er schreit laut. Er schreit gellend. Und alles in meine Richtung. Nichts wie weg, denke ich, reiße die Tür auf und zerre die Einkaufstüte aus dem Wagen. Was nun? Beide Hände sind voll. Der Aktenkoffer in der einen, die Tüte in der anderen. Also wähle ich die einzige Möglichkeit, die mir noch bleibt: Ich drücke die Tür mit meinem Fuß zu.

Na ja, schon gut. Vielleicht ist »zuschlagen« richtiger. Vielleicht kann man den Vorgang sogar noch besser mit »zutreten« beschreiben. Wie ich später vor Gericht zugeben werde: Ich trete – so fest ich nur kann – gegen die Tür und schlage sie auf diese Weise zu. Und warum auch nicht? Ich habe schließlich genug. Wirklich und wahrhaftig genug. Was dann aber geschieht, das habe ich nun wirklich nicht voraussehen können. Im Leben nicht.

Die Tür fällt ab.

Nicht ganz. Nicht vollständig. Aber irgendwie löst sie sich aus der oberen Angel und hängt nun da, baumelt hin und her. Wie ein großes Stück nasser Pappe.

Ein Mercedes Benz – und die Tür fällt ab! Vom Zuschlagen! Wie ist das nur möglich? Offenbar ist es das nicht. Das Gericht weigert sich ganz einfach, meinen Ausführungen Glauben zu schenken. Der Leiter der Konstruktionsabteilung von Daimler Benz wird höchstpersönlich vorgeladen, um Stellung zu nehmen. Er legt Tabellen und Testresultate vor, die – ohne den geringsten Zweifel – beweisen, dass die Tür herausgerissen worden sein muss. Mit über natürlicher Kraft! Kann ich wirklich so wütend gewesen sein? Jedenfalls bin ich von diesem Augenblick an für die Medien nur noch der »Homo Destructivus«. Der Auslöser des größten Verkehrschaos in der Geschichte Düsseldorfs. Das einzige menschliche Wesen, das im Stande ist, die Tür eines Mercedes herauszureißen.

Nun habe ich meinen Paß zurückbekommen. Meine Aufenthaltserlaubnis auch. Aber meinen Führerschein haben sie einbehalten. Jetzt kann ich nicht mehr fahren. Weder Automatik noch Gangschaltung. Gar nichts mehr. Was ein großes Problem darstellt. Vor kurzem ist ein Brief von der Staatskasse gekommen, der mich darüber informiert hat, dass ich meinen Wagen, der als Beweismittel sichergestellt worden war, abholen soll. Jeder Tag, den er dort länger bleibt, kostet mich 75 DM an Gebühren.

Ich würde ja Wilfried fragen, ob er ihn für mich abholt, aber mit Schrecken stelle ich fest, dass niemand anders mit meinem Auto fahren darf. Weil das nämlich nicht von meiner Versicherung abgedeckt ist. Die Kosten für eine Versicherung sind erheblich geringer, wenn nur ich das Auto fahre. Deshalb habe ich sie auch gerne abgeschlossen, als sie mir empfohlen wurde. Von wem wohl?

Danke, Wilfried!

›OHNE WORTE‹

Ob ich wohl in diesem Leben noch begreifen werde, wie der deutsche Verstand arbeitet?

»Wolfgang«, sage ich, kurz bevor ich in die Mittagspause gehe, und werfe ihm eine recht bekannte Zeitschrift auf den Tisch. »Kannst du mir sagen, was das ist? Bitte?«

Er schaut von seiner Arbeit auf. »Das ist ein gezeichneter Witz«, antwortet er. Ein Ausdruck von Verwirrung huscht über sein Gesicht. Wahrscheinlich versucht er herauszufinden, ob ich ihn irgendwie hereinlegen will.

Ich fixiere ihn mit einem düsteren Blick und frage ihn eindringlich: »Verstehst du den?«

»Na klar«, sagt er.

»Gibt es etwas daran, das du nicht verstehst – irgend etwas?«

»Nein. Der ist ganz eindeutig.« antwortet er. Seine Augen suchen die meinen. Vermutlich glaubt er, dass ich dabei bin, jeglichen Bezug zur Realität zu verlieren.

»Also spricht die Zeichnung für sich, ja? Klar und deutlich, ist das richtig?«

»Charles«, beginnt er zögernd. »Was ist los?«

»Wolfgang, du verstehst den Witz. Ich verstehe den Witz. Alle verstehen den Witz. Warum also schreibt man ›Ohne Worte‹ darunter?«

Offensichtlich ist dies ein völlig neuer Gedanke. Ich sehe, dass er darüber ins Grübeln kommt. Sein Verstand durchmisst die ganze Skala der Möglichkeiten. »Vielleicht«, antwortet er schließlich ohne große Überzeugung, »damit die Leute sehen, dass nichts vergessen worden ist.«

»Aber Wolfgang«, begehre ich frustriert auf. »Wer braucht denn sowas? Die Leute schauen sich die Zeichnung an. Sie reagieren auf die Zeichnung. Was braucht man da noch mehr?«

»Also, vielleicht meinen einige Leute, dass zu einem gezeichneten Witz auch Worte gehören. Sie könnten denken, dass da etwas schief gelaufen ist. Ein Fehler beim Drucken zum Beispiel. Warum fragst du?«

»Kennst du die Anzeige, an der Otto gerade arbeitet?« äußere ich.

»Klar. Die ist nächste Woche fällig. Wie sieht sie aus?« will er wissen.

»Prima«, antworte ich. »Bis auf das große ›Ohne Worte‹ unter dem Bild.«

»Oh je«, meint er kleinlaut. »Otto besteht also darauf, dass das dabeisteht, ja?«

»Genau. Dabei ist es nicht notwendig. Wirklich nicht. Die ganze Anzeige sieht dadurch beschissen aus«, konstatiere ich heftig.

»Warum überrascht dich das?« fragt er. »Du lebst doch nun schon eine ganze Weile hier.«

Hilfsbereit weist er mich auf Folgendes hin: »Klischees enthalten oft einen wahren Kern. Genauigkeit. Gründlichkeit. Ordnung. So was hinterlässt seine Spuren.«

»Ja«, gebe ich zu. »Das weiß ich. Ich würde nur gern wissen, warum.« Was nun meinerseits eine sehr deutsche Anwandlung ist.

Wolfgang denkt nach. Angestrengt. Ich finde es immer schön, Wolfgang dabei zu beobachten, wie er denkt. Ich kann seinen Gedankenprozess gut verfolgen. Weil dieser klar auf seinem Gesicht abzulesen ist. So klar wie Wolfgangs etwas zu groß geratene Nase. »Vielleicht hat die Sprache etwas damit zu tun«, meint er schließlich.

»Die Sprache? Das Deutsche?« Das ist eine Schlussfolgerung, die ich nie erwartet hätte.

»Sicher«, überlegt er – halb bei sich, halb laut ausgesprochen. »Sprache ist so etwas wie die Software in deinem Kopf. Die logische Struktur deiner Muttersprache bestimmt also die Art und Weise, wie du denkst.«

Vielleicht hat Wolfgang recht. Die deutsche Sprache ist sehr präzise. Hier steht alles genau an seinem Platz. Kein Raum für Missverständnisse. Wolfgang hat es auf den

Punkt gebracht. Aber die Anzeige sieht trotzdem beschissen aus.

Wolfgang blickt auf und lächelt. »Mach dir keine Sorgen«, sagt er. »Ich rede mit Otto. Ich bin sicher, wir können ihn überzeugen, ›Ohne Worte‹ wegzulassen.«

Zufrieden bummele ich wenig später durch die Straßen von Düsseldorf. Die Sonne scheint. Ein herrlich blauer Himmel breitet sich über der ganzen Stadt aus. Ich habe noch keine Regenwolke gesehen, und es ist bereits zwölf Uhr. Mit federnden Schritten gehe ich über die Graf-Adolf-Straße und fühle mich dabei lebendig. Wunderbar, herrlich lebendig. Ich schlendere weiter und nehme den strahlenden Sonnenschein in mich auf. Vor lauter Glückseligkeit spitze ich die Lippen und fange an zu pfeifen.

Ganz plötzlich wirbelt eine junge Frau, die vor mir geht, herum. Und starrt mich an. Hey! Warum tut sie das? Normalerweise würde ich davon ausgehen, dass sie sehen möchte, wer da gepfiffen hat. Um sich mit mir zusammen an dem Pfeifen zu erfreuen. Vielleicht auch, um mich anzulächeln, weil ich etwas von meiner Freude an sie weitergegeben habe. Aber nein. Sie sieht gar nicht erfreut aus.

Wurde sie vielleicht gerade von einem Schicksalsschlag getroffen? Einem persönlichen Unglück? Und ärgert sich deshalb über meine gute Laune? Vielleicht kann ich ihr helfen. Kann sie ihren schwarzen Gedanken entreißen. Ich werde etwas ganz Besonderes pfeifen. Etwas nur für sie. Ich wette, dass ihr das zu Herzen gehen wird.

Ich blicke sie an und hoffe, dass sich ihr etwas von der Freude mitteilt, die ich empfinde. Ich spitze also wieder meine Lippen. Wieder verströme ich mit meinem Pfeifen pure Lebenslust. Eine hübsche kleine Melodie, die ich soeben erfunden habe.

Was zum ….? Ihre Augen schleudern Blitze. Voller Wut geht sie auf mich los. Mit ein paar raschen Schritten ist sie da, wo ich jetzt stehe und verblüfft ihre Annäherung beobachte. Patsch! – da trifft mich ihre rechte Hand so fest im Gesicht, dass es mir den Kopf nach hinten schlägt. Ich bin überrascht, dass er überhaupt noch auf dem Hals sitzt. Wenn er abgefallen und über die Straße gerollt wäre, würde mir die deutsche Polizei dann eine Geldstrafe wegen unerlaubter Entsorgung aufbrummen?

Der stechende Schmerz bringt mich schnell ins Hier und Jetzt zurück. Tränen schießen mir in die Augen. Ich bin entsetzt. Was habe ich getan, um sie so gegen mich aufzubringen? Ich hatte doch nur gepfiffen, um den Tag zu feiern. Und versucht, dieses Gefühl mit ihr zu teilen. Klar – Beethoven war das nicht. Oder Bach. Aber so schlecht hatte es sich nun auch wieder nicht angehört.

Oder sollte etwa nur klassische Musik erlaubt sein?

Die junge Frau starrt mich grimmig an. Ob sie wohl Englisch spricht? Dann könnte ich sie wenigstens fragen, warum sie mich so heftig geschlagen hat. Oh je! Sie hebt drohend ihre Hand. Will sie mich etwa noch einmal schlagen? Ich habe keine Ahnung, warum sie sich so verhält. Wahrscheinlich werde ich es auch nie erfahren. Weil ich nämlich davonrenne, bevor sie noch einmal zuschlagen kann. Und zwar so schnell ich kann.

Um sicher zu sein, dass sie mir nicht nachkommt, blicke ich zurück. Nein. Sie folgt mir nicht. Und andere auch nicht. Ich verlangsame meine Schritte zu einem forschen Gang. Ein paar Sekunden später packt eine Hand meinen Arm. Besser gesagt: sie krallt sich an ihm fest. Erschrocken wirble ich zu dem Besitzer der Hand herum. Es ist Gerda, eine junge Frau, die mal in meinem Büro gearbeitet hat.

»Charles Greene! Halt!« Gerda ist eine große, kräftige Blondine. Selbst wenn ich es wollte, könnte ich mich ihrem Griff nicht entziehen. Was ich ja gar nicht will. Jedenfalls nicht in diesem Augenblick. Was besagt bloß ihr Gesichtsausdruck? Sorge. Sie ist besorgt. »Du musst damit aufhören«, tadelt sie mich. Und wackelt voller Missbilligung mit ihrem Finger.

»Aufhören? Womit aufhören?!« bestehe ich auf einer Antwort.

»Mit deinem Pfeifen. Ich habe gesehen, was passiert ist.«

»Gerda«, stottere ich. »Pfeifen ist doch Musik. Das bedeutet, dass ich glücklich bin.«

»In Deutschland pfeift man nicht auf der Straße«, fährt sie fort. »Die junge Frau hat gedacht, dass du hinter ihr herpfeifst.«

»Aber Gerda!« protestiere ich.

Gerda strafft ihre Schultern mit einem selbstgerechten Ruck. »So was tut man einfach nicht«, konstatiert sie reserviert. »Hast du nicht gesehen, was es dir eingebracht hat? Schau dir nur mal dein Gesicht an.«

Ein flüchtiger Blick in ein Schaufenster zeigt mir einen großen roten Handabdruck auf meiner linken Wange. Ich ziehe meinen Hemdkragen hoch und den Kopf zwischen meine Schultern. Im Augenblick muss ich nur machen, dass ich so schnell wie möglich von hier verschwinde. Was, wenn die Frau die Polizei gerufen hat? Kann man in Deutschland wegen Pfeifens verhaftet werden? Ich verabschiede mich schnell von Gerda und mache mich davon. Jetzt heißt es, ein Taxi finden. Und zwar schnell.

Als ich einen Taxistand erblicke, sprinte ich hin und springe in ein Taxi. Bestimmt bin ich jetzt in Sicherheit. In meinem besten Deutsch nenne ich dem Fahrer meine Büroadresse. Wir fahren ein paar Minuten. Schaut der Fahrer etwa verstohlen auf meine Wange? Er späht ständig aus den Augenwinkeln zu mir herüber. Oh nein! Vielleicht hat die Polizei eine Warnmeldung per Funk durchgegeben. Vielleicht sind alle Taxis aufgerufen worden, nach einem Mann Ausschau zu halten, dessen Gesicht ein großer, roter Handabdruck ziert. Was kann ich nur tun? Ihn ablenken? Mein Blick schweift hinüber zu seinem Armaturenbrett. Hey! Da ist es doch! Das perfekte Ablenkungsmanöver: Seine Uhr geht zwei Minuten vor. Ich wette, das passiert in Deutschland nicht so häufig. Sicher wird er froh sein, es zu erfahren.

Den Handabdruck ignorierend, drehe ich mich auf meinem Sitz, um den Fahrer anzusprechen. Ich richte mich auf und lächle. Ich tue mein Bestes, um Unschuld auszustrahlen. »Ihre Uhr geht falsch«, sage ich hilfsbereit.

Sein Kopf fährt herüber zu mir. Er sieht empört aus. Offensichtlich hat er mich missverstanden. Ich versuche es noch einmal. Lächeln, lächeln, immer nur lächeln. Ich wiederhole: »Ihre Uhr. Sie läuft zu schnell.«

Der Fahrer tritt so stark auf die Bremse, dass nur der Gurt mich davor bewahrt, durch die Windschutzscheibe zu fliegen. Er fängt an, mit seiner Faust auf sein Lenkrad zu hämmern, während er mit dem Zeigefinger der anderen Hand auf das Gerät zeigt, das die Einheiten zählt. Wir nennen das einen »Zähler«, aber er schreit etwas von einer »Uhr«. Irgend etwas Wichtiges scheint mir hier entgangen zu sein. Aber ich erhalte keine Gelegenheit herauszufinden, was. Weil er einfach nicht mit seinem Geschrei aufhört.

Nun ist sein Mund weit geöffnet. Sein Wutgeheul zerreißt die Luft. Auf der Straße bleiben Leute stehen. Schauen. Starren uns an. Ich will nur noch zahlen und von hier verschwinden. Wie kann ich ihn nur zum Schweigen bringen? In Panik fasse ich mit einer Hand in meine Tasche, ziehe ein paar Geldscheine heraus. Verzweifelt stopfe ich sie alle in seinen geöffneten Mund. Während er versucht, diesen wieder freizubekommen, damit er wieder atmen kann, springe ich aus dem Auto und fange an zu laufen. Wenn ich gewusst hätte, was mir hier in Deutschland zustoßen würde, hätte ich keine Sprachschule, sondern Joggingkurse belegt. Die wären sehr viel nützlicher gewesen. Ich renne den ganzen Weg bis zu meinem Büro. Erst als ich beinahe dort angekommen bin, verlangsame ich meinen Schritt.

Als ich den Vordereingang erreicht habe, schlendere ich an der Dame von der Rezeption vorbei. Ganz lässig. Hoffentlich glaubt sie, dass ich ihretwegen so schwer atme. Ich trapse die Treppe hinauf und den Flur entlang zu meinem

Büro. Hastig schließe ich die Tür und warte darauf, dass es Nacht wird.

Die Zeit vergeht, und das Gebäude leert sich allmählich, als die Leute es grüppchenweise verlassen. Die Bürouhr zeigt 22 Uhr 10. Einen flüchtigen Augenblick lang schießt mir die Frage durch den Sinn, ob sie wohl vorgeht. Ich erschauere bei der Erinnerung an den Zwischenfall mit dem Taxifahrer. Er wird doch hoffentlich nicht draußen auf mich warten?

Er wartet nicht. Wenigstens sehe ich ihn nirgendwo, als ich zur Vordertür des Gebäudes hinausgehe. Tatsächlich sehe ich überhaupt niemanden. Keine Menschenseele. Nichts, bis ich zur Ampel am Ende des Blocks komme. Dort steht – einsam und verlassen – ein Mensch an der Ecke. Der darauf wartet, dass die Ampel von Rot auf Grün umspringt. Um ehrlich zu sein, ›stehen‹ ist der falsche Ausdruck. Er ist so betrunken, dass er wahrscheinlich nicht einmal mehr ohne fremde Hilfe liegen könnte. Schwer gegen die Ampel gelehnt, wäre eine Möglichkeit, ihn zu beschreiben. Sich verzweifelt an die Ampel klammernd, damit er nicht zu Boden sinkt, ist sogar noch besser.

Ich schaue nach links. Ich schaue nach rechts. Kein einziges Auto in Sicht. Ich lausche aufmerksam. Noch nicht einmal das Geräusch eines Autos ist irgendwo zu vernehmen. Aus keiner Richtung. Von dem einzigen Wunsch beherrscht, so schnell wie möglich in meine Wohnung zu gelangen, streben meine Füße vorwärts über die Straße, ohne das grüne Licht abzuwarten. Für heute reicht es mir.

Ich habe die Straße etwa zur Hälfte überquert, als ein wütender Schrei durch die Nacht gellt. Obwohl der Mann so betrunken ist, dass er vermutlich seinen eigenen Namen nicht mehr weiß, kann er mein Verhalten doch einordnen: »Auuuuuuuuuusläääääääääänder!«

Ordentlich krank

In Amerika ist es ja so: Wenn ein Baby Bauchweh hat, gibt man ihm eine Arznei, damit es ihm besser geht. Diese kauft man in einem Drugstore. Dort gibt es einen Apotheker – aber das ist nicht wirklich der Grund, warum man dorthin fährt. Man fährt dorthin, weil es dort eine Lunchtheke gibt. Diese Einrichtung ist in der Tat sehr nett. Man kann sich hinsetzen und ein getoastetes Käsesandwich und einen Schoko-Milchshake genießen. Womit sich dann die Fahrt gelohnt hat.

Nicht so in Deutschland. Hier geht man das Problem auf viel benzinsparendere, wenn auch weniger appetitliche Weise an.

Cordelias Baby liegt auf der Waschmaschine im Badezimmer. Auf dem Rücken. Es schreit. Offensichtlich hat es Schmerzen. Die Mutter hat ein Fieberthermometer gezückt – wozu das? Vorsichtig, behutsam hebt Cordelia die Beinchen des Babys ganz weit nach oben, bis sie aus dem Weg sind. Dann schiebt sie das Thermometer in seinen Po. Wieso misst sie Fieber, wenn es Bauchweh hat?

Plötzlich ein lautes PPPPHHHhhh. Was für ein ungeheurer Furz von so einem kleinen Wesen! Und was für ein interessantes Herangehen an die Heilkunst. Das eröffnet ein ganzes Universum an Möglichkeiten. Aus eigener Erfahrung weiß ich, dass Furzen eine ungeheure Erleichterung bringen kann. Aber augenscheinlich haben die Deutschen sich über diese Art von Behandlung sehr viel mehr Gedanken gemacht. Ich frage mich, ob sie das wohl ein Leben lang üben.

Wenn in Amerika ein Mann nach einem langen, harten Tag nach Hause kommt, braucht er etwas Entspannung. Dann begrüßt seine kleine Frau ihn voller Mitgefühl an der Tür: »Du Armer. Hattest du einen furchtbar anstrengenden Tag? Setz dich mal hin, und ich bringe dir einen Whiskey.«

Wahrscheinlich wird er in Deutschland nach einem langen, harten Tag von seiner kleinen Frau so an der Tür begrüßt: »Du Armer. Was für einen fürchterlich anstrengenden Tag du gehabt haben musst. Komm, leg dich mal hin, ich schiebe dir ein Thermometer in den Hintern.«

»Es macht dir wirklich nichts aus, auf das Baby aufzupassen?« will Cordelia wissen und lenkt meine Aufmerksamkeit damit wieder auf die Aufgabe, die vor mir liegt.

»Nein – nein, es macht mir nichts aus. Nicht im Geringsten«, versichere ich ihr.

Was soll ich auch sonst sagen? Cordelia ist alleinerziehende Mutter und eine großartige Texterin. Wirklich brillant. Und sie hat eingewilligt, an diesem Sonntagnachmittag zu arbeiten, wenn ich jemanden finde, der bei ihrem Baby bleibt. Unglücklicherweise bin ich der einzige »Jemand«, den ich finden konnte. Ein bisschen etwas weiß ich ja auch über Babys. Wie sie gemacht werden, zum Beispiel.

Aufmerksam schaue ich zu, als Cordelia das kleine Wesen auf eine Babydecke legt, die auf dem Boden ausgebreitet ist. Sie hat mir gezeigt, wo das Essen steht und wie man es so erwärmt, dass es Babys Mund nicht verbrennt. Sie hat mir einen Schnellkurs im Windelwechseln gegeben. Sicher kann es nicht so schwer sein, auf ein Baby aufzupassen. Ich betrachte es, wie es da – lächelnd und glucksend – vor mir liegt. Was soll denn schon schief gehen?

Nachdem Cordelia ins Büro aufgebrochen ist, stelle ich den Fernseher an. Vielleicht kann das ja helfen, mein Deutsch zu verbessern. Es steht außer Frage, dass ich in dieser Hinsicht immer noch Hilfe brauche. Gestern zum Beispiel wollte ich mir in der Cafeteria unseres Büros ein Kännchen Kaffee bestellen. Stattdessen habe ich mir ein »Kaninchen« Kaffee bestellt.

Plötzlich, ohne die leiseste Vorwarnung, gibt das Baby ein lautes Wimmern von sich. Sogar ich erkenne den Tonfall echten Schmerzes. Ob ich es wage, mit einem Thermometer in seinen Po einzudringen? Was, wenn ich dabei eines seiner inneren Organe verletze? Nervös schaue ich hinunter auf das Baby. Wahrscheinlich hat es nur auf genau diesen Blick gewartet. Wie auf ein Stichwort hin versteift sich sein Körperchen. Es krümmt seinen Rücken. Es brüllt wie am Spieß. Und da, wo die Pupillen seines Auges sein sollten, sehe ich jetzt nur noch das Weiße.

Warum sollte ich das, was jetzt passiert, beschönigen? Ich breche in Panik aus. Völlig. Total. Noch nie in meinem Leben war ich so erschrocken. Zwanzig Minuten allein mit einem drei Monate alten Baby, und schon scheint es kurz vor dem Exitus zu sein. Schon möglich, dass ich diese Wirkung bereits auf andere ausgeübt habe – aber noch nie auf etwas so Kleines. Noch nie auf etwas so Hilfloses. Denn das ist genau das Problem: Es ist noch hilfloser als ich. Oh mein Gott! Es liegt jetzt an mir, etwas zu tun. In Deutschland. Auf Deutsch!!!

Wie der Blitz knie ich nieder, packe das Baby – mit Decke und allem Drum und Dran. Ich renne zur Tür hinaus und schreie aus vollem Halse: »Hilfe! Hilfe!« Nichts. Totenstille. Uups! Sofort wird mir bewusst, an was für ein unheilvolles Wort ich da gerade gedacht habe, und es schnürt mir die Kehle zu, so viel Angst habe ich um uns beide.

Was soll ich tun?

Offensichtlich sind alle außer Haus auf ihrem sonntagnachmittäglichen Spaziergang. In die Wohnung zurück und das Telefon benutzen kann ich nicht. Die Tür ist nämlich hinter mir zugeflogen. Und der Schlüssel steckt drinnen. Ich rase die Treppen hinunter, das Baby still und apathisch in meinen Armen. Ich platze zur Tür von Cordelias Wohnhaus heraus und renne mitten auf die Straße. Wie es das Glück will, entscheidet sich ein freies Taxi dafür, direkt vor mir zu halten, statt mich zu überfahren. Ich vermute mal, dass es keine einfache Entscheidung für den Fahrer war.

Ich reiße die Tür auf und klettere hastig hinein. »Krankenhaus«, blöke ich.

»Und welches Krankenhaus?« fragt er verdutzt.

»Golzheimer! Golzheimer!« schreie ich ihn an.

Dort ist das Baby zur Welt gekommen. Ich erinnere mich daran, weil ich Cordelia besucht habe, als sie es gebar. Oder vielmehr: kurz danach. Die kennen sich also aus mit Babies. Das Taxi braust los. Ich ziehe die Decke ein wenig zurück und spähe hinein. Babys Augen sind geschlossen. Schläft es nur? Bitte, lass es so sein, lieber Gott. Bitte, bitte, lass es so sein.

Nach einigen Minuten inbrünstigen Betens fährt das Taxi vor dem Eingang der Klinik vor. Ich werfe dem Fahrer das Geld zu, springe heraus und laufe die Stufen hinauf. Krach! stoße ich die Eingangstür auf und haste den Korridor entlang Richtung Kreißsaal. Dort werde ich sicher irgendwo einen Arzt finden.

Und die ganze Zeit über schreie ich aus Leibeskräften: »Hilfe! Hilfe! Ich brauche einen Arzt.« – Nichts. Absolut gar nichts. Sind die hier etwa auch alle auf dem Sonntagsbummel?

»A doctor! Einen Arzt! Wo ist ein Arzt?« schreie ich wieder und wieder.

Hinter ein paar Vorhängen lässt sich eine tiefe, herrische Stimme vernehmen. Sie äußert nur einen einzigen, barschen Befehl: »Ruhe! Das ist hier ein Krankenhaus!«

Na, das ist doch immerhin gut zu wissen. Es sieht so aus, als wäre ich hier richtig.

Gerade in dem Moment, als ich auf die Vorhänge losgehen will, werden diese aufgezogen. Ich starre den Mann in Weiß an und presse zwischen zusammengebissenen Zähnen hervor: »Das Baby ist krank. Sehr, sehr krank.«

Offenkundig versteht der Doktor Englisch, denn er wirft mir einen selbstgefälligen Blick zu und sagt: »Dann bringen Sie es besser ins Krankenhaus.«

Was? Was sagt er da? »Dies ist ein Krankenhaus. Sie haben es eben selbst gesagt«, murmele ich erregt.

»Ja«, gibt er mir Recht. »Aber nur für Geburten.«

Am Anfang aller Gesellschaftsformen, die sich auf freiwilliger Basis gründen, steht immer eine treibende Kraft. In Amerika ist es das Geld. In einigen Krankenhäusern der Vereinigten Staaten hängen Schilder, auf denen steht: »Wenn Sie nicht zahlen können, können Sie nicht bleiben.« Es sind schon Leute am Krankenhausempfang gestorben, weil sie kein Geld und keine Krankenversicherung hatten. In Deutschland ist die treibende Kraft die Ordnung. Muss man hier etwa sterben, weil man zum falschen Krankenhaus und zum falschen Arzt gekommen ist?

»Können sie es nicht untersuchen? Bitte!« flehe ich.

»Bringen Sie das Baby zu den Universitätskliniken«, antwortet er. »Dort gibt es eine Kinderklinik.«

Lieber Gott, ich kann es nicht glauben. Ich fasse es nicht. »Bitte, bitte – es könnte doch sterben, bis ich dort bin«, beschwöre ich ihn inständig und ziehe die Decke zurück.

»Es sieht nicht sehr krank aus«, gibt mir der Arzt zu verstehen.

Sieht es nicht? Nein, es sieht wirklich nicht so aus.

In der ganzen Aufregung hatte ich es mir nicht ein einziges Mal genau angesehen. Aber nun tue ich es – und zwei wunderschöne, blaue Äuglein blicken zu mir auf. Es gluckst und lächelt. Alle Anspannung fällt augenblicklich von mir ab. Leutselig wende ich mich dem Arzt zu, den ich eben noch hätte umbringen können, und verabschiede mich, um mit dem gesunden Baby wieder nach Hause zu fahren. Aber er hat etwas dagegen und hält mich fest. Unser Gespräch, so gibt er mir zu verstehen, sei so etwas wie die Aufnahme des Kindes in ein öffentliches Krankenhaus gewesen – und seine Entlassung könne nur ein qualifizierter Kinderarzt aussprechen.

Was nun passiert, macht mich fassungslos: Der Arzt mobilisiert zunächst mehrere Pfleger und Schreibkräfte zur vorläufigen Unterbringung und Registrierung des neuen Patienten und ordnet dann an, dass das Baby – gegen meine Proteste – mit einem Krankenwagen in die Kinderklinik

gebracht wird. Wenigstens darf ich mit. Die erste Blau-lichtfahrt meines Lebens.

In der Kinderklinik stehen mehrere Ärzte bereit und entreißen mir das quietschfidele Kind. Es beginnt eine erneute Papier- und Labororgie. Ich rufe Cordelia im Büro an. »Hab vorhin schon versucht, dich zu erreichen«, erwähne ich beiläufig. (Wenn ich das doch bloß gekonnt hätte!) »Es ist nichts Ernstes, aber um ganz sicher zu gehen, habe ich das Baby in die Uniklinik gebracht.«

Oh, oh. Offensichtlich war ich nicht beiläufig genug. Am anderen Ende der Leitung bricht eine Katastrophe aus: angstvolles Aufkreischen und das Geräusch von Schluchzen explodieren aus dem Hörer. Um sie zu beruhigen, schlage ich ihr vor, ein Taxi zu nehmen und mich in der Kinderklinik zu treffen.

Kurze Zeit später bin ich mit dem Arzt und zwei Krankenschwestern im Untersuchungsraum, als die Tür mit einem fürchterlichen Knall auffliegt. Eine von Panik ergriffene Cordelia stürmt herein, Tränen strömen über ihr Gesicht. Gerade als sie uns erreicht, dreht sich der Arzt zu ihr um und sagt ganz ruhig: »Nichts, worüber man sich Sorgen machen müsste. Dem Baby geht's prima.«

»Prima?« Sie zuckt zusammen. »Was ist passiert?«

»Seine Augen waren ganz nach hinten gerutscht, so dass ich nur das Weiße darin sehen konnte«, antworte ich ganz sachlich. »Deshalb schien mir eine Untersuchung eine gute Idee. Kein Grund zur Panik.« Ich klopfe ihr beruhigend auf die Schulter, damit sie weiß, dass ich alles unter Kontrolle habe. Schließlich habe ich das Baby letztlich zu dem richtigen Arzt am richtigen Ort gebracht. Na ja – jedenfalls begleitet.

Cordelia wendet sich an den Arzt, um ganz sicher zu sein. »Das passiert schon mal«, sagt er lächelnd. »So eine Art Kurzschluss im Gehirn.«

»In seinem Gehirn ... ein Kurzschluss ...«, stöhnt sie leise, eine furchtbare Gefahr ahnend. Dann schaut sie mich anklagend an: »Was hast du gemacht?«

»Nichts. Überhaupt nichts!« protestiere ich. »Es hat ganz plötzlich ein Wimmern von sich gegeben.«

»Da ist wirklich nichts, über was man sich aufregen müsste,« wiederholt der Arzt. Und er nimmt das Baby hoch. Er muss glauben, dass ich der Vater des Babys bin, denn er will es mir herüberreichen. Ich strecke meine Hände aus, um es zu nehmen. Und da passiert es dann.

Cordelia kreischt: »Nimm deine Hände von meinem Baby!« Und mit einem Satz versucht sie, es mir aus meinen ausgestreckten Armen zu entreißen. Vielleicht sind Frauen von ihren Genen her keine guten Fänger. Einen Augenblick lang haben drei Personen ihre Hände an dem Baby. Im nächsten Moment landet Baby mit furchtbarem Getöse auf dem Boden. Ich weiß, dass Cordelia es uns aus der Hand gerempelt hat. Sie aber fängt an zu schreien, dass ich das Baby fallen gelassen hätte. Wie auch immer – jetzt bricht die Hölle los: Ärzte und Krankenschwestern rennen umher, bringen das Baby von einer Untersuchungsabteilung zur anderen. Sie untersuchen es auf Knochenbrüche und prüfen nach, ob innere Organe verletzt sind. Die ganze Zeit über fährt Cordelia fort, mir ihre Anschuldigungen entgegenzuschleudern. Schlimmer noch, in einem Anflug von Hysterie kündigt sie ihren Job mit sofortiger Wirkung. Jetzt weint sie so verzweifelt, dass die Ärzte ihr ein Sedativ geben, um sie zu beruhigen.

Eine Stunde später wird das Baby erneut für kerngesund erklärt. Zur Beobachtung und aus versicherungsrechtlichen Gründen soll es aber noch für 2-3 Tage zur Beobachtung in der Klinik bleiben. Trotz der Schnüre und Elektroden an seinem Kopf lächelt und gluckst es vor sich hin. Was mehr ist, als ich von sonst jemandem sagen kann. Mein Hemd ist vor lauter Nervosität durchgeschwitzt, Cordelia ist in die Klinik aufgenommen worden und liegt – ruhig gestellt mit Hilfe schwerster Beruhigungsmittel – irgendwo in der Nähe auf einer Krankenstation.

Vollkommen niedergeschlagen wandere ich zur Kliniktür hinaus. Ein Gedanke will mir nicht mehr aus dem Sinn:

Was ist wohl schwieriger? Immer Geld in der Tasche zu haben, um überhaupt in ein Krankenhaus aufgenommen zu werden – wie in Amerika? Oder immer auf Anhieb das richtige Krankenhaus zu finden – und dort auch wieder herauszukommen – wie in Deutschland?

Der amerikanische Traum

Ein Skorpion.

Irgend so etwas muss es wohl gewesen sein.

In der letzten Nacht auf Teneriffa mitten im tiefsten Traum. Plötzlich ein stechender Schmerz etwas unterhalb meines rechten Knies. Wie von einem Biss oder einem Stich.

Nun ist das Knie geschwollen. Ganz unförmig ist es geworden. Ob die Zollbeamten am Frankfurter Flughafen mich wohl verdächtigen, eine Wassermelone in meinem Hosenbein nach Deutschland einschmuggeln zu wollen? Aber nein, es geht alles gut. Sie schauen zwar ein wenig skeptisch, zögern, dann aber winken sie mich durch. Wahrscheinlich nehmen sie an, dass es sich um eine Deformation handelt, die so grauenvoll ist, dass man sie sich besser nicht genauer ansieht.

Die Zollbeamten haben Recht. Eine kurze Inspektion, die ich auf der Herrentoilette vornehme, bestätigt ihre Befürchtungen. Ein kurzer Blick reicht völlig. Allein von dem Anblick bekomme ich schon Schweißausbrüche. Sorgenvoll ziehe ich meine Hose wieder hoch und mache mich auf den Weg zum Lufthansa-Schalter, um für den Weiterflug nach Düsseldorf einzuchecken.

Ich stehe als Neunter in der Schlange, als ich feststelle, dass ich definitiv Hilfe brauche. Mein Körper ist schweißbedeckt. Mir schwirrt der Kopf. Sicher werde ich gleich in Ohnmacht fallen. In meiner Not humpele ich an den Anfang der Schlange. Um nicht umzufallen, stütze ich mich mit den Ellenbogen auf der Theke auf.

»Entschuldigung«, murmele ich schwach. »Mir geht es nicht besonders gut.«

Nichts. Keine wie auch immer geartete Reaktion.

»Entschuldigung«, wiederhole ich. »Ich bin krank.«

Die Hostess wendet sich mir zu und starrt mich böse an. Ich wünschte, mein Knie würde so zusammenschrumpfen, wie es mein Herz in diesem Augenblick tut. »Sehen Sie nicht, dass ich hier jemanden bediene?« fragt sie unwirsch. Anscheinend hat sie nicht verstanden, dass das Problem mein Knie betrifft und nicht meine Augen.

»Es ist mein Knie«, erkläre ich kleinlaut. »Es ist furchtbar geschwollen. Und ich fühle mich fürchterlich.«

Weil ich hoffe, dass sie sich von ihren eigenen Augen überzeugen lässt, beginne ich, an meinem Hosenbein zu zerren. Aber es ist mir nicht möglich, es heraufzuziehen. Durch die Schwellung ist die Hose zu eng geworden. Ob ich sie hier wohl aufmachen und runterlassen kann? Dafür reicht die Zeit aber gar nicht. Bevor ich mich entscheiden kann, was hier zu tun ist, scheucht sie mich mit finsterem Blick und einer unwirschen Handbewegung weg.

»Hier sind viele Leute, die vor Ihnen da waren. Sie müssen sich hinten anstellen«, schilt sie mich. Hier stehe ich – möglicherweise kurz vor dem Exitus – und muss darauf warten, bis ich an der Reihe bin. Versteht sie vielleicht mein Englisch nicht? Oder geht es hier um »fair is fair«? In Deutschland, soviel habe ich inzwischen gelernt, gibt es für alle Dinge, die zu erledigen sind, einen korrekten Weg. Auch für das Sterben, offenbar.

Wie auch immer – jetzt habe ich nicht mehr die Kraft, mich mit ihr zu streiten. Ich stolpere zurück an das Ende der Schlange – sie besteht jetzt aus 17 Personen. In meinem Bein pocht es bumm, bumm, bumm. Da kommt mir ein Gedanke: Vielleicht muss mein Unterschenkel amputiert werden? Oder das ganze Bein? Dann werde ich die Lufthansa auf unterlassene Hilfeleistung verklagen. Ich werde sicher eine Menge Geld bekommen. Millionen, nehme ich an. Millionen und Abermillionen von Dollar.

Ich erinnere mich noch ziemlich deutlich an den Fall der Frau, die McDonald's verklagt hatte. Sie hatte sich am Drive-in Schalter einen Becher Kaffee gekauft und diesen zwischen ihre Schenkel geklemmt. So hielt sie ihn fest, während sie weiterfuhr. Als sie die Hauptstraße erreicht hatte, musste sie plötzlich auf die Bremse treten. Der Kaf-

fee floss über ihre Beine und verursachte leichte Verbren-
nungen. Sie klagte und erhielt vier Millionen Dollar Scha-
denersatz. Für eine Verbrennung ersten Grades! Ich stelle
mir vor, wie viel ich bekommen werde, wenn sie mein Bein
amputieren müssen. Mindestens zehnmal soviel. Mit
Leichtigkeit. Für ein ganzes Bein sind 40 Millionen Dollar
doch nichts! Allein schon der Gedanke an diese Möglichkeit lässt mich neue Kraft schöpfen.

Das ist er, der »American way«: ein düster aufziehendes
Unheil in eine goldene Gelegenheit zu verwandeln. Der
amerikanische Traum, der in Erfüllung geht: Ich werde
reich sein! Mit zittrigen Händen ziehe ich mein Handy aus
der Manteltasche, entschlossen, Stefan anzurufen. Er ist
ein Anwalt, den ich in Düsseldorf kennengelernt habe.
Nach mehreren fruchtlosen Versuchen habe ich endlich die
richtige Nummer eingetippt.

»Stefan«, stoße ich hervor, als er abnimmt. »Sie müssen
mein Bein amputieren, und das habe ich Lufthansa zu verdanken.«

»Was? Die Lufthansa will dein Bein amputieren?« ruft
er erstaunt aus.

»Nein, nein«, korrigiere ich ihn und versuche, mich
aufrecht zu halten. »Mein Bein wird wohl amputiert werden müssen, weil die Frau am Lufthansa-Schalter sich grob
fahrlässig verhält.«

Eine gedankenschwere Pause am anderen Ende. »Wo
bist du?« möchte er wissen.

»In Frankfurt. Am Flughafen. Was glaubst du, wieviel
werde ich wohl bekommen?« frage ich ihn.

»Hier in Deutschland bekommst du genau 13.600,–
DM«, antwortet Stefan traurig.

»Das ist unmöglich«, krächze ich schwach. »Mein Bein
ist mindestens 40 Millionen wert. In Dollar.«

»In Amerika vielleicht. Hier in Deutschland nicht. Hier
haben wir eine Liste«, antwortet er und klingt dabei wie
der Leiter eines Beerdigungsinstituts.

»Was ... was für eine Liste?« kann ich gerade noch hervorbringen. Vor Erschöpfung und Enttäuschung beginnen mir fast die Sinne zu schwinden.

»Die offizielle Liste darüber, was jedes einzelne Körperteil von dir wert ist«, stellt Stefan sachlich fest.

Ich bin so erstaunt, wie man es in meinem Zustand nur sein kann: »Willst du damit sagen, dass die Deutschen eine Preisliste für Körperteile haben?« Bestürzt falle ich noch mehr in mich zusammen.

»Natürlich. Jeder hat ein Anrecht auf den Listenpreis, und der ist für alle gleich: Ein kleiner Finger ist 1.945,– DM wert, ein Daumen 8.000,– DM und so weiter und so fort.«

»Es ist mein rechtes Bein«, frage ich hoffnungsvoll. »Bekomme ich für das rechte mehr als für das linke?«

»Es ist für beide der gleiche Betrag«, antwortet Stefan.

Ich verabschiede mich und beende die Verbindung.

Sogar in gesundem Zustand wäre das mehr, als ich verkraften könnte. Wenn man sich in Amerika über die Jahre hinweg von ein paar Körperteilen verabschiedet, kann man ganz gut davon leben. Man kann ein Haus bauen, eine Familie durchbringen und seinen Lebensabend bestreiten. Ein Finger, den man durch eine nicht sachgemäß gefertigte Kaffeemühle verliert, ist für viele Jahre Schulbesuch eines Kindes in den teuersten Schulen der ganzen Welt gut. Als seine Frau zum siebten Mal schwanger wurde, schnitt sich ein Mann in einem Wutanfall den Penis ab. Dann verklagte er den Hersteller, weil das Messer zu scharf gewesen sei. Er bekam genug Geld, um alle sieben Kinder zu unterhalten, bis sie das Medizinstudium abgeschlossen hatten. Und er hatte noch genug übrig, sie alle mit einer Arztpraxis auszustatten – als Geschenk für den erfolgreichen Abschluss.

Was mache ich jetzt? Soll ich hier warten, um zu sehen, was wohl zuerst passiert: dass ich den Schalter erreiche oder über dem Warten sterbe?

Wie ich hier so stehe, krank und benommen, kommt mir ganz plötzlich ein Gedanke. Ein letztes, verzweifeltes

Aufbäumen meines geschwächten Gehirns. Warum gehe ich, als Amerikaner, nicht zum Schalter einer amerikanischen Fluggesellschaft, um Hilfe zu erhalten? Wenn ich schon nicht viel Geld für mein Bein bekommen kann, könnte ich es doch ebensogut retten. Sicher wird mir dort jemand helfen. Von wegen Landsmann und so. Amerikaner helfen sich gegenseitig. Ganz klar!

Auf einem Bein hüpfend und das andere hinter mir herziehend, torkele ich hinüber zur nächsten US-Fluglinie. Frankfurt ist ein großer Flughafen, daher bin ich ziemlich lange unterwegs. Aber schließlich habe ich es geschafft, wenn auch sehr erschöpft. Aber tot bin ich noch nicht. Ätsch, Lufthansa, reingelegt!

Wunderbar. Zwar ist am Economy-Schalter eine unheimlich lange Warteschlange. Aber Business und Erste Klasse sind ganz leer. Kein einziger Passagier steht da an. Keiner wartet – außer den Angestellten hinter dem Schalter, die ganz offensichtlich nichts zu tun haben. Das nennt man Glück! Wenn ich es jetzt noch bis zu dem Schalter schaffe, bin ich gerettet. Es wird auch höchste Zeit. Ich fühle, wie die Wunde an meinem Knie aufgeht. Flüssigkeit tritt aus und läuft an meinem Bein herunter.

Ich wende mich schwankend der nächsten Angestellten zu. Wieder stütze ich meine Ellenbogen auf der Theke ab. Wieder frage ich, nun mit noch schwächerer Stimme als zuvor: »Können Sie mir helfen? Ich bin krank.«

Die reizende Amerikanerin schenkt mir ein Lächeln. Ein umwerfendes Lächeln. Ich wusste es: Ich bin gerettet. »Haben Sie ein Erste-Klasse-Ticket, Sir?« fragt sie lieblich.

Ein was? »Ehem, nein«, gestehe ich. »Ich bin in der Economy.«

Werden diese Leute nach ihrem Lächeln ausgesucht? Ihres ist jetzt jedenfalls überwältigend. »Es tut mir sehr leid«, sagt sie mit wohlklingender Stimme, »aber ich glaube, Sie stehen am falschen Schalter. Die Economy-Passagiere sind dort drüben.« Hilfsbereit zeigt sie hinüber und strahlt mich an.

Amerikas Dollar-Demokratie at it's best. Aber ich bin zu verwirrt, um mich mit ihr anzulegen. So verwirrt, dass mir nicht einmal mehr einfällt, dass ich ohnehin mit Lufthansa fliege. »Aber ich fühle mich überhaupt nicht gut«, bettle ich mit gequälter Stimme.

»Dieser Schalter ist nur für Erste-Klasse-Passagiere«, antwortet sie fröhlich.

Ich kann mich nicht länger an der Theke halten. Selbst wenn dies die Economy-Theke wäre, hätte ich jetzt nicht mehr das nötige Durchhaltevermögen. Meine innere Stärke beugt sich meiner körperlichen Schwäche. Ich breche zusammen. Meine Beine sacken langsam weg und ich gleite zu Boden. Das ist das Ende. Jetzt sterbe ich.

Kurz bevor ich in die Bewusstlosigkeit abgleite, fühle ich noch, wie ein Lächeln über meine Lippen huscht. Aber klar doch! Dies ist eine amerikanische Fluggesellschaft. Meine Erben können sie verklagen. Auf Millionen. Ich erkenne, dass der amerikanische Traum sich für mich erfüllt hat: Ich werde als reicher Mann sterben.

Hire and Fire

Vor meinem Badezimmerspiegel probiere ich verschiedene Arten zu lächeln aus. Ein kleines Lächeln. Ein strahlendes. Ein überwältigendes. »Hey, Volker, du musst leider gehen, Junge!« Irgendwie ist das nicht so recht passend. Vielleicht sollte ich das etwas anders angehen. Ein Stirnrunzeln? Nein, nein. Das sieht zu kritisch aus. Was ist mit traurig? Traurig, so beschließe ich, ist gut. Meine Mundwinkel sinken nach unten, um Traurigkeit zu suggerieren. Kummer trübt meinen Blick. »Volker«, sage ich in niedergeschlagenem Ton. »Wir müssen dich entlassen.« Zu direkt. Ich versuche es noch einmal: »Volker, wir werden uns trennen müssen.«

Worüber mache ich mir da eigentlich Gedanken? So ein Gegrübel, nur weil ich gerade dabei bin, zum ersten Mal in meinem Leben jemanden zu entlassen? Leute werden eingestellt. Leute werden entlassen. Eine Kette ist nur so stark wie ihr schwächstes Glied. Und Volker ist ein schwaches Glied. Er muss gehen. Das Entlassen von Mitarbeitern sorgt dafür, dass eine Firma stark bleibt. Oder doch zumindest die Starken stark bleiben.

Ich denke an meinen ersten Job in der Werbebranche. Eine große Werbeagentur in New York. Seit Jahren habe ich nicht mehr an diesen Laden gedacht. Warum kommt er mir nun plötzlich in den Sinn? Ach ja, mein erster Tag dort. Mein erster Tag in dem von mir gewählten Beruf.

Meine Frau und ich hatten beide unseren Lehrerberuf in Virginia an den Nagel gehängt, damit ich den Job dort annehmen konnte. Um das zu tun, was ich schon immer tun wollte. Und dies war nun der große Tag: der erste Juli. Beinahe Unabhängigkeitstag. Ganz sicher mein eigener Unabhängigkeitstag: eine kleine Wohnung in Greenwich Village. Und ein Arbeitsplatz in einer der bedeutendsten Werbeagenturen Amerikas.

Erwartungsvoll stehe ich im Fahrstuhl unterwegs zur 35. Etage. Die glänzenden, gutgeölten Türen gleiten auf.

Mit mir steigen sieben oder acht weitere Personen aus und streben an der Empfangsdame vorbei zu ihren – sicherlich glamourösen – Büros. Entschlossen gehe ich zu ihr hinüber und nicke ihr jovial zu.

»Ja, bitte«, fragt sie. »Kann ich Ihnen helfen?« Sie hat ein so strahlendes Lächeln, dass die Sonne vor Neid erblassen könnte.

»Das können Sie«, antworte ich. »Mein Name ist Charles Greene, und ich fange heute hier an zu arbeiten.« Ich versuche, ein ebensolches Lächeln zustande zu bringen, aber ich kann meine Lippen nicht so breit auseinanderziehen wie sie die ihren.

Sie schaut zu mir hoch. Ein überraschter Blick? Sie blickt kurz auf ihre Anwesenheitsliste, die auf dem Schreibtisch vor ihr liegt. Schaut wieder zu mir hoch. »Wie heißen Sie doch gleich?« fragt sie. Ein leichtes Stirnrunzeln auf ihrem ansonsten untadelig glatten Gesicht.

»Charles Greene«, antworte ich. »Ich soll heute hier anfangen. Als Text-Trainee.«

»Sind Sie sicher, dass Sie in der richtigen Agentur sind?« fragt sie mich.

Was? Bin ich etwa zur falschen Agentur gegangen? Wartet mein Traumberuf irgendwo anders auf mich? Erschrocken blicke ich mich um. Es sieht schon so aus wie der Ort, an dem ich mich vorgestellt habe. Und die Buchstaben in blitzendem Chrom an der Wand bestätigen den Namen. Dies ist der Platz, an den ich bestellt worden bin. Vielleicht habe ich mich im Tag geirrt?

»Ganz sicher ist dies die richtige Agentur«, stelle ich mit Nachdruck fest. »Was haben wir heute für ein Datum?«

»Der erste. Der erste Juli«, antwortet sie auf meine Frage.

Und jetzt? Die richtige Agentur. Der richtige Tag. Könnte es sein, dass sie einen falschen Namen notiert hat? »Vielleicht hat jemand einen falschen Namen aufgeschrieben«, schlage ich vor. »Wie viele Personen fangen heute hier an?«

»Eine«, antwortet sie.

Ich lächele. Das muss es sein. Es hat eine Namensverwechslung gegeben.

»Aber«, fährt sie fort, »sie ist schon hier.«

»Das verstehe ich nicht«, stottere ich. »Meine Frau und ich haben beide unsere Arbeit aufgegeben. Wir sind von Virginia hierher gezogen. Damit ich hier anfangen kann zu arbeiten. Heute. In dieser Agentur.«

»Wer hat Sie eingestellt?« möchte sie wissen. »Vielleicht ist er entlassen worden, bevor er die Personalabteilung darüber informieren konnte.«

Oh, mein Gott! Ich kann es nicht glauben, dass dies wirklich passiert. »Bill Duckley hat mich eingestellt.« Die Worte kommen unbeholfen aus meinem Mund. Einem sehr trockenen Mund. »Ist er noch hier?«

»Ja, zur Zeit ist er noch da«, sagt sie wissend.

»Würden Sie ihn für mich rufen? Bitte. Er wird das hier in Ordnung bringen.« Sie betrachtet mich sehr genau. Sollte das etwa ein billiger Trick sein, um von dem Executive Creative Director einer der weltgrößten Werbeagenturen empfangen zu werden? Irgend etwas scheint sie davon zu überzeugen, dass ich tatsächlich die Wahrheit sage. Vielleicht ist es die Tatsache, dass ich auf dem Boden liege, mir den Bauch halte und jammere: »Bitte, lieber Gott. Bitte, hilf mir.«

Schließlich nickt sie zustimmend und greift zum Telefonhörer. Na, endlich läuft mal etwas gut für mich! Erleichtert tut mein Herz einen Sprung. Und dann noch einen. Es muss wohl die Hoffnung sein, die es so herumspringen lässt.

Die Empfangsdame spricht rasch in den Telefonhörer. Eine Viertelstunde später erscheint eine Frau auf dem Gang, der zu den verschiedenen Büros führt. Eine wunderschöne Frau. Wirklich fabelhaft. Wenn ich meinen Job in der Werbebranche jemals bekommen sollte, lerne ich hoffentlich auch, Telefonate zu führen, die so etwas herbeizaubern. »Wie, sagten Sie, war Ihr Name?« fragt sie mich.

»Greene. Charles Greene. Meine Frau und ich sind von Virginia hierher gezogen, damit ich heute hier zu arbeiten anfangen kann. Bill Duckley hat mich eingestellt.«

»Mr. Duckley erinnert sich nicht daran, Ihnen jemals einen Job angeboten zu haben.« Einfach so. Zack!

Ich bin wie betäubt. Was soll ich jetzt nur machen? »Er hat es aber getan«, protestiere ich laut.

»Es tut mir leid. Er erinnert sich nicht daran.« Und damit dreht sie sich um und will weggehen.

»Doch, hat er!« schreie ich auf. »Meine Frau und ich haben beide unsere Lehrertätigkeit aufgegeben! Und wir sind von Virginia hierher gezogen. Und jetzt haben wir eine Wohnung in Greenwich Village, weil heute mein erster Arbeitstag sein soll. Und zwar genau hier.« Sie zeigt keine Reaktion. »Als Text-Trainee. In dieser Agentur!« flehe ich.

Fräulein Wundervoll schaut mich mitleidig an. Habe ich ihr Herz rühren können? Wird sie sich meiner erbarmen? »Warten Sie hier«, murmelt sie schließlich. Und verschwindet. Die Empfangsdame schenkt mir ein schwaches Lächeln. Ich vermisse das Strahlen, das noch da war, bevor sie wusste, wer ich bin. Oder vielmehr, wer ich nicht bin.

Nach ein paar Minuten kommt die schöne Dame zurück. »Kommen Sie mit«, befiehlt sie mir, einen skeptischen Unterton in der Stimme. »Mr. Duckley hat drei Minuten Zeit für Sie. Mehr kann ich nicht für Sie tun.« Ich danke ihr. Ich bin wirklich dankbar. Aber wenn schon jemand wie sie nicht mehr ausrichten kann, hat dann jemand wie ich überhaupt eine Chance?

Wir erreichen Duckleys Eckbüro. Es ist gigantisch. Zwei riesige Wände aus Glas erlauben einen spektakulären Ausblick auf Manhattan. Ja, das ist mir vertraut. Hier hatte ich mein Vorstellungsgespräch. Hier wurde mir ein Job angeboten, verdammt noch mal! Ich erblicke Bill Duckley höchstpersönlich. Er steht an einem der Fenster, den Rücken zu mir gekehrt. Er blickt auf die Skyline der City, aber er muss mein Spiegelbild in der Glasscheibe wahrgenommen haben. »Und Sie sagen, dass ich Ihnen einen Job angeboten hätte«, stellt er fest. Er fragt nicht. Er konstatiert. Ich merke, dass er nicht interessiert ist. Nicht wirklich.

»Das ist richtig«, sage ich hartnäckig. »Mit Beginn 1. Juli. Heute. Deshalb haben meine Frau und ich unsere Arbeit in Virginia aufgegeben, und jetzt haben wir eine Wohnung in Greenwich Village.«

»Wie auch immer«, stellt er sachlich fest. »Ich habe keine Arbeit für Sie.«

»Sie verstehen mich nicht«, bettle ich. Bettle ich? Ja, ich bettle. »Wir haben beide unseren Arbeitsplatz gekündigt. In Virginia. Wir sind hierher gezogen, den ganzen weiten Weg. Was soll ich denn jetzt machen?«

Er dreht sich langsam um. Schließlich blickt er mich an. »Ich habe gehört, dass das *Time Magazine* drüben Leute für den Außendienst einstellt«, schlägt er vor.

»Aber Sie haben mir einen Arbeitsplatz angeboten«, stoße ich anklagend hervor. »Sie haben mir einen Brief geschickt.«

Sofort ändert sich sein Gesichtsausdruck. »Einen Brief? Ich erinnere mich nicht an einen Brief.«

»Vielleicht erinnern Sie sich nicht. Sie haben es aber getan. Und darin stand, dass ich heute meine Arbeit aufnehmen soll.«

»Zeigen Sie ihn mir«, verlangt er. Und streckt seine Hand vor, um ihn in Empfang zu nehmen.

»Ich habe ihn nicht mitgebracht. Er ist zu Hause in meiner Wohnung. Ich kann ihn holen gehen, wenn Sie wollen.« Lieber Gott, bete ich still für mich, bitte, bitte, mach, dass er mich nicht nach Hause schickt, um den Brief zu holen. Um die Wahrheit zu sagen: Ich habe keine Ahnung, wo er ist. Nicht die geringste.

»Ich habe Ihnen wirklich einen Job angeboten«, grübelt er nachdenklich vor sich hin.

»Ich wäre nicht hier, wenn Sie das nicht getan hätten«, sage ich leise. Eine kleine Hoffnung durchzuckt meinen

Körper. »Wie ich schon sagte, meine Frau und ich haben beide ...«

»Kommen Sie mit«, unterbricht er mich mit einer ungeduldigen Handbewegung.

Ich folge ihm, als er stramm über den Korridor marschiert. Zu seiner Rechten sind die Büros, die mit Fenstern ausgestattet sind. Zu seiner Linken fensterlose Kämmerchen, die mit nicht sehr glamourösen Schreibtischen vollgepfropft sind. Und mit nicht sehr glamourösen Leuten, die daran sitzen. Er blickt zackig in jedes Büro – links, rechts, links, rechts – während er daran vorbeigeht. Plötzlich bleibt er stehen. Zeigt mit dem Finger auf einen der beiden Männer, die in einem der winzigen Kämmerchen sitzen. Winkt ihn mit gekrümmtem Zeigefinger zu sich heran: »Kommen Sie mal her«, fordert er ihn auf. Der Mann steht auf und kommt heraus auf den Flur, wo wir warten.

»Ich habe gestern vergessen, Ihnen zu sagen, dass Sie entlassen sind«, sagt er dem Mann. Dann dreht er sich zu mir um: »Das ist Ihr Büro«, bellt er. Und geht. Zurück in sein riesiges Eckbüro. Jetzt habe ich also einen Arbeitsplatz in der Werbung. Ich Glücklicher! Und frage mich, wie lange ich mich hier werde halten können.

Und jetzt, ein paar Jahre später, bin ich nun in Düsseldorf und starre in einen Badezimmerspiegel. Ich blicke mein Gegenüber ernst an und stelle ganz sachlich fest: »Volker, ich habe gestern vergessen, es dir zu sagen: Du bist entlassen.« Irgendwie habe ich das Gefühl, dass dieser Satz bei Bill Duckley besser funktioniert als bei mir. Egal, wie sehr ich auch übe. Könnte es sein, dass meine Zeit in Deutschland mich dem Auf und Ab des zügellosen Kapitalismus entfremdet hat? Dass ich nicht mehr der vitale, durch und durch amerikanische Junge bin, für den ich mich immer hielt?

Was nun? Wie um alles in der Welt gehe ich mit diesem Dilemma um? Ich denke, dass es an der Zeit ist, Theo zu besuchen. Er ist ein Genie, wenn es um Menschenführung geht. Ich habe normal Sterbliche, die eine Gehaltserhöhung haben wollten, in Theos Büro hineingehen sehen. Aber keiner war ihm je gewachsen: Am Ende baten sie ihn immer, für die Hälfte ihres augenblicklichen Gehaltes länger und härter als bisher arbeiten zu dürfen. Etwas von Theos Geschick könnte mir in der Sache mit Volker sehr helfen.

Ich erkläre Theo, was getan werden sollte, und von meinem Widerstreben, es zu tun. Ich erzähle ihm von meiner eigenen Erfahrung in meinem ersten Job. »Und was passierte mit dem Texter, der gefeuert wurde?« fragt Theo interessiert.

»Oh, der wurde am Ende Millionär«, antworte ich. »Er hatte sich überlegt, dass keiner ihn mitten im Sommer einstellen würde. Deshalb beschloss er, zwei Monate am Meer im Haus eines Freundes zu verbringen.«

»Ich bin mir ziemlich sicher, dass Volker keinen solchen Freund hat«, ist Theos Kommentar.

»Während er dort war, gründete er eine kleine Zeitung für Touristen. Und verkaufte allen Geschäften vor Ort Anzeigenplatz darin. Innerhalb von zwei Jahren besaß er sechs Zeitungen.«

»Genug, um ihn zum Millionär zu machen?«

»Oh nein,« antworte ich. »Sie erschienen ja nur während der Sommersaison. Deshalb gründete er sechs weitere Zeitungen – in der Karibik während der Wintersaison.«

Theo blinzelt mich über seinen Brillenrand hinweg an. »Da hat er dir und Mr. Duckley eine Menge zu danken.«

»Ja, wahrscheinlich«, stimme ich lachend zu. »Er hat es aber nie getan.«

»Glaubst du, dass Volker eine Zeitung gründen könnte?« will Theo wissen.

»Volker?! Nie im Leben! Ich habe keine Ahnung, was er machen würde«, antworte ich.

»Du würdest also sagen, dass der Texter in New York eine stärkere Persönlichkeit war als Volker?«

»Natürlich. Viel stärker. Aber so ist nun mal Amerika: das Überleben der Stärksten«, erinnere ich ihn.

»Und die Schwachen? Solche wie Volker?« fragt Theo.

Ich bin zu Theo gekommen, weil er von allen Leuten, denen ich je begegnet bin, am besten mit Menschen umgehen kann. Daher hätte ich damit rechnen sollen: Es geht ihm gar nicht um Volker. Ich bin es, den er im Visier hat.

»Wenn du schwach, krank oder arm bist, wird das in Amerika als deine eigene Schuld angesehen. Oder zumindest als deine eigene Verantwortung«, gebe ich zu. Warum fühle ich mich so schuldig dabei?

Theo starrt mich an, wartet. Sagt kein Wort.

»Und in Deutschland ist es nicht so«, fahre ich fort. Ich weiß, auf was er wartet. »Aber wenn die Schwachen die Starken gefährden? Was dann?«

Theo lächelt. Ist stolz auf seinen ausländischen Schüler. »Das ist einfach. Er hat doch sicher irgendeine Fähigkeit, die du gut einsetzen kannst. Ein guter Manager findet so etwas heraus.«

Schnapp! Da hat er mich in seiner Falle. Wirklich und wahrhaftig. Was für ein Recht habe ich, mir meinen Job leicht zu machen, indem ich Volker einfach loswerde? Das ist nicht fair. Wenn ich mich anstrenge, werde ich mit Volker zusammen schon eine Lösung finden. Ich könnte ihn zum Beispiel gut als Illustrator einsetzen.

Zeit für mich zu gehen. Ich bedanke mich und wende mich zur Tür. »Theo«, frage ich beim Hinausgehen. »Dürfte ich wohl samstags und sonntags arbeiten ... zu einem wesentlich niedrigeren Gehalt?« Sein fröhliches Lachen begleitet mich zur Tür hinaus.

Amerikanische Pferde

Die Straßenbahn quält sich den lang gezogenen Hügel hinauf. Überall, zu beiden Seiten, sehe ich Bäume. Bäume, Bäume und noch mehr Bäume. Das ist perfekt, denke ich bei mir. Mit dem vertrauten Kreischen von Metallrädern auf Metallschienen nimmt die Straßenbahn die Kurve und hält dann. Wir haben den Grafenberger Wald erreicht. Ein lautes Zischen und die Türen öffnen sich.

Als wir aussteigen, ernten wir merkwürdige Blicke. Leute schauen uns argwöhnisch an, bevor sie zur Seite hasten, um Abstand zwischen sich und uns schaffen. Ein kleines Mädchen von vielleicht zehn Jahren nähert sich. Als sie hochschaut, bemerkt sie mich am oberen Ende der Stufen. Sie verharrt reglos, wie im Schock. Ihre Lippen zittern. Sonst nicht die geringste Bewegung. Unvermittelt bricht ein kurzer, abgerissener Schrei aus ihr hervor. Hastig macht sie das Kreuzzeichen. Dann rennt sie davon. Wahrscheinlich zur nächsten Kirche. So haben die Leute während der gesamten Fahrt von Helgas Wohnung bis hierher reagiert.

Wahrscheinlich ist man es in Düsseldorf nicht gewohnt, dass jemand die wilde Kriegsbemalung der Pawnee-Indianer trägt und das Kriegsbeil schwingt. Nicht mitten im Sommer und auf der Fahrt mit einer Straßenbahn. Aber es ist Sonntag nachmittag – und es ist Zeit, das Versprechen, das ich Karl gegeben habe, einzulösen: ihm beizubringen, wie man Tiere aufspürt. Man weiß ja nie, wann er dieses Wissen einmal brauchen kann.

Wir sprinten über die Straße und in den Wald hinein. Bei den Bäumen angekommen, verlassen wir den Gehweg. Wir werfen uns ins Gehölz und entschwinden den Blicken. »Runter«, warne ich Karl, und werfe mich selbst zu Boden. Eigentlich tue ich das, weil ich schon etwas außer Atem bin. Aber das braucht Karl nicht zu wissen. Karl folgt meiner Anweisung und wirft sich mit seinem kleinen achtjährigen Körper neben mich.

»Eine Maus«, flüstert Karl.

»Wo?«

»Na, hier!« Und er deutet auf eine Waldmaus keinen halben Meter neben meiner Hand.

»Iiih!« schreie ich, und ziehe meine Hand rasch weg. Die Bewegung erlöst die kleine Kreatur aus ihrer Angststarre, und sie huscht weg. Übertragen Mäuse Krankheiten, frage ich mich? Sind sie der Grund, warum die Deutschen so beharrlich auf den Wegen bleiben? Vielleicht ist der Grafenberger Wald doch nicht so sicher?

Aber halt. Was ist das? Beim genauen Hinsehen entdecke ich eine dünne Spur auf dem Erdboden. Sie windet sich vorwärts, bis sie unter einer Schicht welker Blätter verschwindet. Ich halte meinen Zeigefinger an meine Lippen. Ein Zeichen für Karl, still zu sein. Ganz still. Seine Augen leuchten vor Aufregung, aber er bewegt keinen Muskel.

Ich strecke meine Hand aus und hebe einen Ast hoch. Vorsichtig entferne ich die gesamte Blattschicht vor mir. Blatt für Blatt. Mit dem Stecken fange ich an zu graben. Schiebe die Erde zur Seite. In Sekundenschnelle haben wir unser erstes wildes Tier geschnappt: einen dicken, fetten, saftigen Regenwurm. Klar, ein Büffel ist das nicht. Aber mit irgend etwas müssen wir schließlich anfangen.

»Die Indianer essen die oft«, erkläre ich. Ich bin sicher, dass sie das tun. Jede Menge gute, gesunde Proteine. Es wäre also zumindest gut, wenn sie es täten – falls sie es doch nicht tun sollten. Karls blonder Kopf bewegt sich zustimmend nach oben und nach unten. Er lernt schnell.

Ich hebe den Wurm hoch, so dass er vor meinem Gesicht baumelt und tue so, als ob ich etwas davon abbeiße. Nun reiche ich unseren Fang zu Karl hinüber. Ehe mir einfällt, was »so tun als ob« auf Deutsch heißt, hat Karl ihn sich schon in den Mund gestopft. Er kaut und schluckt das ganze Ding in nur 20 Sekunden hinunter. Der ganze Wurm ist vollständig weg. Karl lernt noch schneller, als ich gedacht habe. Noch viel schneller!

Wird er das seiner Mutter erzählen? Und werde ich sie

davon überzeugen können, dass Amerikaner ständig Würmer essen? »Alle möglichen Würmer«, werde ich ihr sagen. Schließlich essen die Franzosen auch Ameisen mit Schokoladen-Überzug. Warum sollten wir also keine rohen Würmer essen? Ich werde sagen, dass es sich dabei um einen Brauch handelt, den ich persönlich von einem richtigen Indianer gelernt habe. Wenn du Amerikaner bist, zieht diese Erklärung immer.

Mit meinen Fingerspitzen wische ich den Schmutz und die Wurmreste von Karls Lippen. Jetzt kriechen wir durch den Wald auf der Suche nach gefährlicherem Wild. Minuten später stolpern wir aus dem Unterholz. Und da ist er. Direkt vor uns: ein Pfad voller Hufspuren. Das ist zwar kein Wild. Aber ein Reitpfad ist ausgezeichnet dazu geeignet, einem kleinen Jungen die alte Kunst des Spurenlesens beizubringen.

Seite an Seite nebeneinander kniend, studieren wir die Spuren in dem losen Staub.

»Schau mal, Karl«, murmele ich. »Siehst du, wie der vordere Teil hier tiefer ist? Wie die Erde an das Ende des Hufes gepresst worden ist? Das bedeutet, dass das Pferd galoppiert ist.«

Mit seinem Finger zieht er ein paarmal die Kontur nach. Er scheint sich die Form einzuprägen. Und warum auch nicht? Ich wette, dass ich wirklich Recht damit habe. Alles, was ich gesagt habe, macht Sinn. Diese Dinge weiß ein Amerikaner einfach instinktiv. Wir lernen sie durch Osmose, indem wir das Spirituelle des Indianerwissens mit der Luft einsaugen, die wir atmen. Ermutigt gehe ich daran, ein gutes halbes Dutzend anderer Spuren vor uns auf dem Boden zu erklären.

Ganz plötzlich vernehme ich ein Hüsteln hinter mir. Keines, das auf Krankheit hindeutet. Vielmehr eines, das dazu dient, Aufmerksamkeit zu erregen. Ich vermute, dass es meine ist, die hier gewünscht wird. Ein kalter Schauer fährt mir über den Rücken. Sollte das etwa ein indianischer Geist sein? Oder vielleicht eine andere primitive Vorfahrenseele, die aus diesem Boden hervorgegangen ist? Ob sie mir wohl vergeben wird, dass ich hier so mit dem alten Wissen herumpfusche?

Langsam, ganz langsam drehe ich mich herum. Ich habe keine Vorstellung davon, was mich erwartet. Aber auf das, was meine Augen jetzt erblicken, wäre ich nie gekommen – in Jahrmillionen nicht: etwa zehn bis zwölf Deutsche, alle in ihrem Sonntagsstaat. Ein paar der Frauen tragen sogar hochhackige Schuhe! Und das mitten im Wald! Kein Indianer würde seinen Augen trauen. Im Leben nicht. Ich kann es ja selbst kaum glauben. Und ich lebe immerhin schon seit einer ganzen Weile in diesem Land.

»Nein, nein«, sagt ein älterer Herr. Um auch sicher zu sein, dass ich ihn verstehe, schüttelt er zusätzlich seinen Zeigefinger in einem ablehnenden »Nein-nein« hin und her.

Ich habe den Eindruck, dass er irgend etwas nicht gut heißt. Aber was? Der Mann zeigt mit dem Zeigefinger auf den Weg, auf dem er steht und fügt hinzu: »Hier, hier.«

Ich habe nicht die leiseste Ahnung, was er will. Oder was das alles bedeuten soll. Weil ich nicht weiß, was ich tun oder sagen soll, murmele ich. »Danke. Vielen Dank.«

Es scheint nicht zu funktionieren. Alle sehen sehr verwirrt aus. Schnell stecken sie die Köpfe zusammen, den älteren Herrn in ihrer Mitte. Eine heftige Diskussion folgt. Schließlich öffnet sich der Kreis. Als sie sich neu aufgestellt haben, so in einer Art Halbkreis um Karl und mich herum, steht ein Junge in ihrer Mitte. Sie denken doch nicht etwa an einen Angriff?

Eine Dame – mit Hut an ihrem oberen und hochhackigen Schuhen an ihrem unteren Ende – schiebt den Jungen sachte vorwärts. Sie muss wohl seine Mutter sein. Jedenfalls schiebt sie ihn vor wie eine Mutter. Er scheint etwa zwölf Jahre alt zu sein. Hinter ihm bricht ein unterdrücktes Gemurmel aus. Er kommt zögernd auf uns zu, setzt einen Fuß bewusst neben den Reitpfad. Nicht auf ihn. Nur dicht neben ihn. Er schaut über seine Schulter zurück zu seiner Mutter, um sich rückzuversichern. Sie nickt und scheucht ihn mit einer kleinen Handbewegung weiter.

»Pferde. Pferde«, sagt er verschämt. »Horse. Horses«, wiederholt er auf Englisch. Dann zeigt er auf den Pfad, auf dem Karl und ich knien. Er bohrt die Spitze seines Schuhes in den Boden neben den Reitpfad und sagt wieder: »Hier Pferde. Horses.« Und er hebt seinen Fuß, um damit in unsere Richtung zu kicken.

Dann schlurft er hinüber und stellt sich neben seine Mutter. Er hebt seinen Fuß, stampft damit auf den Weg auf, auf dem alle stehen. Er blickt uns ernst an. »Menschen. Menschen hier.« Ich kann sehen, wie er die Stirn runzelt. Er denkt. Nun hat er augenscheinlich gefunden, was er so krampfhaft versucht hat, sich ins Gedächtnis zu rufen: »People. Menschen. People. Menschen«, sagt er in rhythmischem Wechsel. Um dem Ganzen Nachdruck zu verleihen, beteiligt sich jetzt die gesamte Gruppe daran: Alle stampfen sie zu seiner rhythmischen Aussage mit einem Fuß auf den Weg auf.

Ja, und was soll das nun? Das habe ich doch bereits gewusst. Karl und ich befinden uns auf dem Reitpfad. Sie sind auf dem Weg für Fußgänger. Also was soll's? Wieder murmele ich: »Danke. Dankeschön.«

Jetzt blickt der Junge wirklich besorgt drein. Absolut verängstigt, würde ich sagen. Befürchtet er, die anderen könnten glauben, dass sein Wortschatz versagt hat? Dass er eigentlich gar nicht weiß, was er uns sagen soll? Er wirft dem älteren Herren einen gequälten Blick zu. Wahrscheinlich ist das sein Großvater. Der Mann nimmt den Jungen an die Hand und führt ihn zurück zu dem Reitpfad, wo Karl und ich uns nun niedergelassen haben. Die Beine vor uns gekreuzt nach Indianerart.

Unsere deutsche Betreuergruppe ist jetzt größer geworden. Jeder, der vorbeikommt, scheint sich ihr anzuschließen. Mittlerweile müssen es mindestens 15 Personen sein. Vielleicht sollten wir ein Lagerfeuer machen. Wir könnten irgendetwas grillen. Mäuse zum Beispiel oder Regenwürmer. Ich könnte wetten, dass sie das aufregend fänden.

Die Deutschen hören nicht auf, mit dem Finger auf uns zu zeigen. Und dabei laute, aufgeregte Rufe auszustoßen. Der Großvater stupst seinem Enkel an. Der Junge klopft noch einmal zaghaft mit seinem Fuß auf den Pfad, auf dem wir sitzen. »Der Weg ist for horses. Für Pferde. Horses.« Dann schwingt er sein Bein herum, so dass seine Zehen jetzt auf den Weg zeigen, auf dem die schnatternde Gruppe von Leuten steht. »Der Weg ist für Menschen«, äußert er hilflos. »For people. People. People path.«

Karl wird es ungemütlich. Er schielt mit einem Anflug von Misstrauen zu mir herüber. Jetzt ist sowieso klar, dass man uns nicht in Ruhe lassen wird, um Spurenlesen zu üben. Also springe ich auf und packe Karl beim Arm. Ich ziehe ihn hoch und sage ihm, dass er mir folgen soll. »Mach einfach das, was ich auch mache«, flüstere ich ihm ins Ohr.

Unvermutet ziehe ich meinen Nacken nach oben und hebe meinen Kopf zum Himmel. So laut ich kann, wiehere und schnaube ich. Mit meinem Fuß scharre ich auf dem Boden. Dann galoppiere ich plötzlich auf dem Reitpfad davon, Karl direkt hinter mir. »Pferde. Amerikanische Pferde. Wir sind amerikanische Pferde«, rufe ich über meine Schulter nach hinten. Erstaunt fallen 15 Kinnladen herunter. Auf diesen Gedanken wären sie nie gekommen. Im Leben nicht.

Nachdem wir außer Sichtweite galoppiert sind, werde ich langsamer. Karl entspannt sich und lächelt mir zu. Wir sind uns einig, dass es Zeit ist, nach Hause zu gehen. Er hat jede Menge Abenteuer erlebt, von denen wir seiner Mutter erzählen können.

Helga verzieht nicht einmal eine Miene, als er stolz berichtet, wie er den ganzen Regenwurm gegessen hat. Ganz wie ein richtiger Indianer. Sie lächelt sogar mit mütterlichem Stolz über das mutige Handeln ihres kleinen Sohnes.

Aber als ich belustigt unser Abenteuer auf dem Reitpfad

beschreibe, fängt sie an, die Stirn zu runzeln. Und als ich ihr, vor Lachen fast auf dem Boden liegend, von dem erstaunten Ausdruck auf den Gesichtern der Deutschen angesichts unseres ungewöhnlichen Aufbruchs berichte, wird sie wütend. Und zwar auf mich.

»Du bist wirklich ein schrecklicher Mensch, Charles Greene«, stößt sie wutschnaubend hervor.

Augenblick mal – was bin ich??? Das war doch ein lustiger Zwischenfall. Ein sehr lustiger. Tatsächlich war er zum Schreien komisch. Und ich bin ein schrecklicher Mensch? Ich habe immer gedacht, dass Helga Sinn für Humor besitzt. Sie lacht sonst immer über meine Scherze.

»Sie wollten doch nur helfen«, fährt sie fort. »Sie waren besorgt. Du und Karl, ihr hättet verletzt werden können. Ein Pferd hätte den Pfad entlanggaloppiert kommen können.«

»Hey«, schieße ich zurück. »Wenn ich von einem Pferd überrannt werden möchte, ist das meine Sache.«

»Auch wenn mein Sohn bei dir ist?« fragt sie traurig.

»Keine Sorge. Ich hätte ihn rechtzeitig aus dem Weg geschubst.«

»Wirklich?«

»Ja, wirklich. Ein Pferd, das rennt, kann man kilometerweit hören. Ohne Schwierigkeiten.«

»Und was ist mit der Person, die das Pferd reitet?« will sie wissen.

»Den geht das doch nichts an. Oder die. Wenn ich mich von einem Pferd überrennen lassen will, ist das meine Sache. Meine persönliche Freiheit, sozusagen. Das ist es, wofür Amerika steht!« Mit meinem Finger steche ich in die Luft, um dieses Argument zu verstärken.

»Wenn jemand dich mit einem Pferd überrennt und dich verletzt oder tötet, was glaubst du, wie der sich dann fühlt? Sein ganzes Leben könnte ruiniert sein. Was gibt dir das Recht, so etwas zu tun? Gehst du damit in deiner persönlichen Freiheit nicht zu weit?

»Verdammt«, schreie ich. »Diese Leute im Grafenberger Wald waren nicht um irgend jemanden auf einem Pferd besorgt. Die hatten nur ihre Regeln im Kopf.«

»Das mag ja sein«, gibt sie zu. »Aber es gibt einen Grund dafür, dass diese Regeln existieren. Sie sind dazu da, um allen zu helfen.«

»Helfen?« kreische ich.

»Natürlich. Regeln müssen nicht absolut sein. Es sind Anhaltspunkte. Damit jeder unter den gleichen Voraussetzungen startet. Das hilft den Leuten, sich zusammenzusetzen und zu einer Übereinkunft zu gelangen.«

Könnte das wahr sein?

Mit einem Mal erscheint mir das, was Helga sagt, fast sinnvoll. Vielleicht hätte ich einfach zu ihnen hinübergehen sollen. Hätte allen die Hand schütteln sollen. Hätte ihnen zu verstehen geben sollen, dass ich sie verstehe. Hätte ihnen sagen sollen, dass ich Karl nur lehre, Tiere aufzuspüren. Und hätte ihnen versprechen sollen, vorsichtig zu sein. Wahrscheinlich hatten sie gehört, dass Karl und ich Englisch miteinander sprachen. Und hatten gedacht, dass wir kein Deutsch verstünden. Aber soviel hätte ich noch hingekriegt.

Ich seufze. Meine Schultern sinken herunter. Das ist schrecklich. Wirklich schrecklich. Ich versuche nochmals, die Logik dessen, was Helga gesagt hat, zu ignorieren. Aber es geht nicht. Ich schaffe es nicht. Oh mein Gott! Ich bin dem Untergang geweiht. Ich fange an zu verstehen, wie die Deutschen denken. Was soll nur aus mir werden?

Ich will nach Hause!

Vielleicht sollte ich mich mal zwicken. Oder mir eine tüchtige Ohrfeige geben. Warum nicht? Vielleicht hilft das ja. Meine rechte Handfläche fliegt durch die Luft und landet mit einem lauten Klatschen auf meiner rechten Wange. Patsch! Ein Blick in den Spiegel zeigt eine leichte Rötung. Sich selbst zu ohrfeigen hat einen entschiedenen Nachteil. Man kann nicht weit genug ausholen. Es ist kein richtiger Schwung dahinter. Nicht so wie bei der jungen Frau, die mich wegen meines Pfeifens geohrfeigt hatte. Aber ich habe es versucht, so gut ich konnte. Und es hat nichts geändert.

Ich kann es immer noch nicht erwarten, nach Deutschland zurückzukommen.

Und ich kann es immer noch nicht glauben, dass ich das wirklich gesagt habe. Laut gesagt habe. Klar, ich bin alleine. Keiner hat gehört, wie ich hier in meinem Hotelzimmer Selbstgespräche geführt habe. Aber es ist wirklich wahr. Und was hat das bewirkt? Ein Wochenende in Paris!

Doch, Paris ist sehenswert. Sehr sehenswert. Wirklich grandios. Paris könnte sogar sehr reizvoll sein – wenn es nicht voller Franzosen wäre. Ist es aber. Und deshalb will ich nie wieder einen Fuß in diese Stadt setzen. Es sei denn, die Franzosen zögen weg. Weit, weit weg. Dann könnte ich es mir noch einmal überlegen.

Aber vorher? Keinen Fuß! Noch nicht mal einen Zeh. Als ich gestern Abend, nach dem ganzen Theater, auf meinem Hotelbett saß, schnitt ich mir die Zehennägel. Damit die Zeit rumging, dachte ich so bei mir. Eigentlich wollte ich die abgeschnittenen Nagelspitzen schon in den Abfalleimer werfen. Aber ich tat es nicht. Ich konnte es nicht. Wochenlang waren sie ein Teil von mir gewesen. Konnte ich sie da, nach all der Loyalität, die sie mir bezeugt hatten, zu einem Begräbnis unter Franzosen verdammen?

Ich sollte sie doch besser mit nach Deutschland zurücknehmen, dachte ich. Besser eine adrette Müllkippe in Düsseldorf als irgend etwas, das Paris zu bieten hat. So habe ich sie also in ein Papiertaschentuch eingewickelt, und nun ruhen sie gemütlich in meinem Koffer und warten darauf, nach Hause transportiert zu werden. Ja, nach Hause.

Dabei war der Parisbesuch tatsächlich meine Idee. So eine Art Köder. Um meine Freunde nach Europa zu locken. Ein Amerikaner reist nicht nach Europa, nur um irgend jemanden zu sehen. Ganz und gar nicht. Er kommt, damit er den Leuten hinterher davon erzählen kann, was er alles gesehen und getan hat. »Warum kommt ihr nicht für ein paar Tage zu uns nach Düsseldorf?« ist deshalb ein weniger wirkungsvoller Lockruf als »Lasst uns doch mal übers Wochenende nach Paris rüberhüpfen!« Wenn ich geahnt hätte, dass es ein Lockruf der zivilisatorischen Wildnis war ....

Jedenfalls, der Trick funktionierte: mein Freund, sein Bruder, die Frau seines Bruders und ihr fünf Jahre alter Sohn – sie alle kamen aus Chicago herübergeflogen. Ich nahm einen Zug von Düsseldorf, und wir trafen uns hier in diesem kleinen Hotel auf der linken Seite der Seine. Das war gestern gewesen.

Und heute haben wir die übliche Sightseeing-Tour gemacht. Sind zum Eiffelturm gefahren. Haben ihn bestiegen. Haben in einem Straßencafé zu Mittag gegessen. Uns gegenseitig unter dem Arc de Triomphe fotografiert. Alle wichtigen Dinge haben wir also bereits erledigt. Abgesehen von einer Bootsfahrt auf der Seine gibt es nichts mehr zu sehen oder zu tun. Wir müssen nur noch irgendwie dorthin kommen. Und zwar schnell. Es ist jetzt 17.25 Uhr, und das letzte Boot fährt um 18.00 Uhr ab. Wenn wir uns beeilen, können wir diesen Programmpunkt auch noch abhaken. Ganz Paris an einem Tag. Ich wette, das hat vor uns noch keiner geschafft. Außer ein paar Japaner vielleicht.

Jetzt gilt es, sich nach einem Taxistand umsehen. Eilig machen wir uns auf den Weg. Sogar der kleine Junge. Nun sind wir hier. Stehen in einer Schlange und warten auf ein

Taxi. Warten. Und warten. Vor uns sind vier Leute, aber zwei von ihnen sind offensichtlich ein Paar. Es ist zu hoffen, dass sie sich zusammen ein Taxi nehmen. Hinter uns sind weitere acht Leute. Wenigstens müssen wir uns über die keine Gedanken machen.

Werden wir es noch schaffen? Es wird später und später. Nun ist es schon 17.30 Uhr.

Plötzlich erscheinen zwei Taxis und kommen schnell auf uns zugefahren. Zugegeben: Ich bin einen Augenblick versucht, ihnen in den Weg zu springen und mit einer Handvoll Francs herumzuwedeln, um sie zu überreden, uns zuerst mitzunehmen. Aber nein! Das wäre nicht fair. (Außerdem würden sie es wahrscheinlich sowieso nicht tun.)

Beide Taxis fahren elegant bis an die Bordsteinkante, eines hinter dem anderen. Ein ungeheuer fetter Mann klettert langsam und schwerfällig in das erste. Für seine unbeholfenen Bemühungen benötigt er doppelt so lange wie das junge Paar für das Besteigen des anderen Taxis. Dem Fetten nur zuzusehen, ist die reinste Agonie. Die Art und Weise, wie er kostbare Zeit verschwendet, bringt meine ohnehin angespannten Nerven noch näher an den Zerreißpunkt. Obwohl keine weiteren Taxis zu sehen sind, möchte ich ihm eine helfende Hand leihen. Sprich: Ihn damit in das Taxi stopfen. Aber schließlich ist er doch drinnen. Mit seinem Gewicht beladen, scheint das Taxi nur noch davonschleichen zu können.

Da kommt wieder ein Taxi, braust ungestüm bis an den Bordstein. Ein weiteres folgt mindestens genau so schnell. Hey! Das sind Fahrer nach meinem Geschmack! Wir sind gerettet. Wir werden es doch noch rechtzeitig schaffen.

Die ältere Dame vor uns ist sehr viel rüstiger, als sie aussieht. Mit einem kleinen Hüpfer sitzt sie in ihrem Taxi, und es braust davon. Was mehr ist, als man von uns sagen kann. Sehr viel mehr. Als ich nach dem Türgriff auf der Beifahrerseite greife, langt der Fahrer blitzschnell herüber und drückt den Knopf herunter. Ich ziehe verzweifelt. Aber die Tür ist fest verschlossen.

»Non-non«, sagt der Fahrer mehrmals und schüttelt dabei seinen Kopf, um dem Ganzen Nachdruck zu verleihen. »Non-non.«

Was zum Kuckuck … ? Es ist jetzt 17.35 Uhr, und das Boot legt in 25 Minuten ab. Warum will er uns nicht einsteigen lassen? Ist es so offensichtlich, dass wir Ausländer sind, und will er deshalb nichts mit uns zu tun haben? Unvermittelt hebt er seine Hand und zeigt uns vier Finger. Ich weiß, was ein erhobener Mittelfinger bedeutet. Sollte dies die französische Variante sein? Ist es das, was er uns sagen will?

Als ob er den ärgerlichen Verdacht, der mir kurz durch den Kopf schießt, mitbekommen hätte, ruft er hastig: »Oui-oui-oui.« Und winkt mit seinen vier Fingern, um meine Aufmerksamkeit darauf zu lenken. Dann gibt er seinen Daumen frei, so dass dieser jetzt auch zu sehen ist. Wunderbar. Und wieder schaut er uns an und ruft: »Non-non-non.« Wackelt mit seinem Daumen vor und zurück, bis alle Augen auf ihn blicken. Hätte ich mir etwa Sorgen machen sollen, weil er fehlte? Und demonstriert er uns nun, dass er doch alle Finger einschließlich seines gegenüberliegenden Daumens besitzt? Aber das war mir bereits vorher klar. Wie hätte er sonst das Lenkrad halten können?

Nun wechselt er die Taktik: Er zeigt auf jeden Einzelnen von uns und zählt dabei: »Un – deux – trois – quattre. Oui.« Mit dem Zeigefinger auf das fünfte Mitglied unserer Gruppe deutend, sagt er: »Cinq. Non!«

Aha – sollte das die Lösung sein? Er kann nur vier von uns mitnehmen, keine fünf? Aber einer von uns Fünfen ist doch nur ein Kind. Und ein kleines noch dazu. Resolut schiebe ich die Mutter auf den Rücksitz. Und setze ihr das verdutzte Kind auf den Schoß. Mit einem breiten Lächeln zeige ich zu ihnen hin: »Okay? Okay?« frage ich aufmunternd.

Als Antwort stellt der Fahrer den Motor aus. Zieht den Zündschlüssel ab. Steigt aus dem Wagen aus. Lehnt sich

lässig mit verschränkten Armen dagegen. Vielverspre-
chend sieht das nicht gerade aus. Das soll wohl bedeuten:
Vorschriften sind Vorschriften. Wenn ich mit deutschen
Taxifahrern über diesen Anhaltspunkt verhandelt habe,
hatte ich immer sehr viel mehr Glück. In einer ähnlichen
Situation in Düsseldorf konnte ich den Fahrer dazu bringen, vier Erwachsene und ein zwei Jahre altes Kind mitzunehmen. Aber es ist klar zu erkennen: In Paris wird das so
nicht akzeptiert. Darüber scheint man hier nicht mit sich
handeln zu lassen.

Weil ich mich immer mehr unter Zeitdruck fühle, schiebe ich den Bruder meines Freundes in das Taxi zu Frau
und Kind. Ich erkläre ihm, dass wir mit dem nächsten Taxi
nachkommen werden. Und sie am Bootsanlegeplatz treffen werden. Und ich sage ihm, dass er schon mal die Ti-
ckets für uns alle kaufen soll. So sparen wir Zeit, die jetzt
hoffnungslos knapp wird.

Er steigt ein. Der Fahrer steigt ein. Türen schlagen zu,
und das Taxi fährt mit quietschenden Reifen ab. Es ist jetzt
17.43 Uhr. Unsere Chancen, das Boot noch zu erreichen,
sind schlecht. Sehr schlecht sogar. Ich frage mich, ob sie
uns wohl das Geld zurückerstatten werden? Was mag das
Wort für »Rückerstattung« sein?

Noch bevor ich mein Wörterbuch herausziehen kann,
fällt mein Blick auf ein weiteres Taxi, das auf unseren Taxistand zufährt. »Hey«, schreie ich laut. Glücklich schlage
ich meinem Freund auf die Schulter. »Der Retter naht!«

Der Wagen kommt direkt vor uns zum Stehen. Wirklich
ein Geschenk des Himmels! Er wird uns wohl nicht über
den Jordan bringen. Aber er wird uns zur Seine bringen.
Wenn wir uns sehr beeilen, könnten wir es gerade noch
schaffen. Ich reiße die Tür auf. Ein Satz – und ich wäre
drinnen. Aber ich erhalte gar keine Gelegenheit, diesen
Satz zu machen: Mit einer einzigen brüsken Bewegung
drängt sich der Mann hinter uns an mir vorbei. Er rammt
mir seinen Ellenbogen in den Magen und seine Schultern
in die Brust. Und versucht, sich in das Taxi zu drängeln.

Waaaaas? Also so geht's nun wirklich nicht! Dies ist mein Taxi. Meins!

Noch bevor der Mann sich darin niederlassen kann, lange ich hinein. Packe ihn beim Kragen. Und ziehe ihn wieder heraus. Ich klopfe mir mit dem Zeigefinger auf die Brust und schaue ihn böse an. »Moi! Moi!« sage ich mit Nachdruck zu ihm. Der Mann zeigt nun seinerseits mit dem Zeigefinger auf das Ende der Schlange und beginnt, mich mit der anderen Hand dorthin zu schubsen.

Was? Mein Freund und ich sollen an das Ende der Schlange gehen? Warum werden wir hier so behandelt? Der Mann hat doch gesehen, dass unsere Begleiter das letzte Taxi genommen haben. Jetzt sind wir an der Reihe. Jeder Dummkopf würde das verstehen. Ich drücke ihn also ärgerlich zur Seite und beginne, in das Taxi zu klettern. Während er wütend auf Französisch losschimpft, schlingt er seine Arme um mich und zieht mich wieder heraus.

Okay. Wo ist hier nun der Anhaltspunkt? Er bemüht sich im Augenblick wirklich nicht, einen zu finden. Und ich kann ihn sicher nicht dazu bringen. Nicht auf Französisch. Und Englisch? Ich würde es nicht wagen, ihn auf Englisch anzusprechen. Dann würde er sicherlich endgültig ausrasten.

Was geschieht nun? Wir müssen endlich los. Unbedingt. Noch in dieser Minute. Unsere Freunde warten auf uns. Das Boot wartet auf uns. Hoffe ich wenigstens! Mein Freund hatte in seiner Kindheit eine schwere Knieverletzung. Deshalb braucht er zum Gehen einen Stock. Mit wildem Gebrüll reiße ich ihm diesen aus der Hand. Hebe ihn drohend über meinen Kopf, während ich mich zu dem streitbaren Franzosen umdrehe.

Mein lieber Mann! Dass eine kleine Geste wie diese eine so große Wirkung haben kann! Der Mann fällt förmlich in sich zusammen und nimmt eine geduckte Haltung ein. Wie eine unbeholfene Ente sieht er aus, als er so rückwärts zu watscheln beginnt. Ich folge jedem seiner Schritte – oder vielmehr seinem Watscheln – nach hinten, den Stock immer noch hoch erhoben. Er ist vollkommen eingeschüchtert. Entmutigt. Verschreckt. Hey! Das macht Spaß!

Als die Menge die Niederlage des Mannes zu spüren beginnt, verbündet sie sich sofort mit ihm. Eine Gemeinschaft zur Verteidigung von ... was? Bereit, ihren zähen Glauben an alles Französische zu verteidigen, wahrscheinlich. Jedenfalls bereit, mich und meinen Freund in Stücke zu reißen. Wie wilde Hunde versammeln sie sich in einem bedrohlichen Kreis um uns. Gleich werden sie ein kollektives Knurren ausstoßen. Also, das macht jetzt nicht mehr so viel Spaß!

In meiner Verzweiflung lasse ich den Stock in ihre Richtung durch die Luft sausen. Wieder und wieder, wobei ich näher und näher an sie herangehe. Nun werden sie erst wirklich rasend. Schreiend und kreischend kommen sie auf uns zu.

Hektisch dirigiere ich meinen Freund zum Rücksitz des Taxis. Und schlage ohne Unterlass in die Luft, um die wütende Menge in Schach zu halten. So muss sich Ludwig XVI. während der Revolution gefühlt haben. In den gut zwei Jahrhunderten seit damals scheinen die Franzosen sich nicht geändert zu haben. Keinen Deut.

Rückwärts schiebe ich mich Schritt für Schritt in Richtung Taxi, um zu meinem Freund zu gelangen. Wobei ich die ganze Zeit über nach der Menge schlage und steche. Gebe Gott, dass ich dabei bloß niemanden versehentlich verletze! Dann könnte sie wohl keiner mehr in Schach halten.

Schließlich fühle ich den Kotflügel an meinem Oberschenkel. Mit einer raschen Bewegung springe ich auf den Beifahrersitz. Schlage die Tür zu und drücke den Verriegelungsknopf herunter. Hinter mir sitzt mein Freund wie erstarrt, beide Knöpfe sind bereits heruntergedrückt. Der Fahrer blickt interessiert auf die Menge, die jetzt auf die Karosserie seines Taxis einhämmert und -schlägt.

Aber plötzlich befindet sich mein Stock unter seiner Nase. Ich versetze ihm einen leichten Stoß damit und schreie: »Notre-Dame!« Ich habe großes Glück, dass der Bootsanlegeplatz sich dort befindet. Weil das nämlich ein Name ist, den ich aussprechen kann. Na ja, so ungefähr wenigstens. »Saint-Germain-l'Auxerrois« wäre jedenfalls schwieriger gewesen. Nun: Er versteht, was ich meine. Mit durchdrehenden Reifen sprintet das Taxi los und lässt die wütende Menge zurück.

Puhh! Wir leben noch. Und sind unterwegs.

Was hat diese unkontrollierte Wut bloß ausgelöst? Werde ich das jemals erfahren? Will ich das überhaupt? Wahrscheinlich nicht. Was ich ganz sicher weiß, ist: In Deutschland wäre das nicht passiert. Ganz bestimmt nicht. Die Deutschen hätten sich bemüht, einen Anhaltspunkt zur Lösung des Konflikts zu finden. Und danach hätten sie ihn eingekreist – anstatt mich. In mir kommt ein neuer, ganz unheimlicher Gedanke auf, der mich bis ins Mark erschüttert: Ich kann es kaum erwarten, nach Düsseldorf zurückzukehren. Zurück nach Hause. Zu meinen Deutschen.

Das Taxi knallt gegen die Bordsteinkante nahe Notre-Dame. Es ist 18.07 Uhr. Da haben wir nun also unser Boot verpasst. Hoffentlich können wir wenigstens unsere Begleiter ausfindig machen. Mein Freund bezahlt den Fahrer, und wir gehen erschöpft in Richtung Bootsanlegeplatz. Als wir schließlich dort ankommen, zeigt meine Uhr 18.12. Aber … was ist das? Was für eine Erscheinung habe ich da plötzlich?

Da steht der Bruder meines Freundes. Mit seiner Frau. Und seinem kleinen Sohn. Und noch weitere 40 bis 50 Leute. Die Passagiere haben noch nicht einmal mit dem Einsteigen begonnen! Der Kapitän und seine fünfköpfige Crew stehen immer noch herum. Ganz lässig. Ohne Eile. Gegen die Schiffskabine gelehnt. Ich würde gerne glauben, dass sie auf uns gewartet haben. Aber ich weiß es besser. Sie sind einfach nur Franzosen. Jetzt kann ich es wirklich kaum erwarten, zurück nach Deutschland zu kommen. Hoffentlich ist der Zug nachher pünktlich.

Wie deutscht man sich ein?

Nun ist es sicher. Ich bin auf dem richtigen Weg, ein Deutscher zu werden. Zumindest bin ich bereits ein Germerican. Wenn ich jetzt noch den entscheidenden letzten Schritt tun will, muß ich üben. Tag und Nacht. Also stehe ich auf und schlurfe ganz verschlafen zur Bäckerei. Dabei stelle ich fest: Niemand schöpft Verdacht. Niemand sieht mich schief an und hält mich für ein fremdes Element. Eigentlich sieht mich überhaupt niemand an.

Das ist ganz anders als in Amerika. Da wo ich herkomme, im Mittleren Westen, weicht man dem Blick des anderen nicht aus. Niemals. Man schaut sich beim Näherkommen stets in die Augen. Marschiert geradewegs auf den anderen los. Lächelt ihn an. Mit strahlendem Blick. Man hebt die Hand zum Gruß und sagt: »Hi!« oder »Was gibt's?« oder »Wie geht's denn so?« Denn woher soll der andere sonst wissen, dass man nicht die Absicht hat, ihn umzubringen?

Verschlafen wie ich bin, scheint meine Tarnung doch zu funktionieren. Niemand in der Bäckerei spricht mich irgendwie komisch an. Und ich bin nun der stolze Besitzer zweier frischer Brötchen. Meine kleine Papiertüte, in der die Brötchen ordentlich verstaut sind, fest in der Hand, schlurfe ich den Weg zurück. Wie immer freue ich mich darauf, meine Wohnungstür hinter mir schließen zu können. Türen sind in Deutschland eine wahre Pracht! Ich gehe hinein und drücke sie zu. Mit geradezu sinnlicher Präzision fällt sie ins Schloss. Ich seufze zufrieden auf. Meine Deutschen machen wundervolle Türen. Sie sind so exakt eingepasst, dass es mir den Atem verschlägt. Sowas gibt es nicht in Amerika, denke ich ekstatisch. Sowas gibt es nirgendwo sonst auf der Welt.

In anderen Ländern klafft immer ein riesiger Zwischenraum zwischen Tür und Türrahmen. In Amerika kann man sich zwar den Fuß in der Tür einklemmen. Oder das

Bein. Vielleicht auch ab und zu einen Arm. Aber es ist unmöglich, sich die Hand in einer Tür einzuklemmen. Lass deine Hand mal versehentlich zwischen der geschlossenen Tür und dem Türrahmen stecken: Du wirst nichts spüren. Wirklich nichts. Keine zerquetschte Hand. Nicht einmal ein paar Schrammen. Ein kleiner Ruck – und deine Hand ist wieder draußen. Garantiert.

Nicht so in Deutschland. Nie. Hier würde die Tür nicht mal zugehen. Nie im Leben. Weil es da einfach keinen Zwischenraum gibt. Deine Hand würde einfach zermalmt werden. Zerbrochen zwischen Tür und Türrahmen. Ich bin voller Bewunderung für diese großartige Errungenschaft. Solche Präzision findet man nur hier. Beschwingt begebe ich mich in die Küche.

Okay, Brötchen. Seid ihr bereit? Weil ich euch jetzt nämlich verspeisen werde. Normalerweise würde ich mir ein Stück abbrechen, dieses mit irgend etwas bestreichen und es dann aufessen. Wenn ich damit fertig wäre, würde ich mir ein weiteres Stück abbrechen. Aber ich werde niemals ein richtiger Deutscher werden, wenn ich das weiterhin so mache. Es ist nicht präzis genug. Also öffne ich heute die Küchenschublade. Herrlich! Wie leicht sie herausgleitet! Da muss man nicht zerren. Nicht reißen. Und weshalb nicht? Es ist eine deutsche Einbauküche!

Ich nehme ein Brotmesser aus der Schublade und schlitze eines der Brötchen an der Längsseite auf. Das weiße, weiche Innere ist völlig freigelegt. Verwundbar. Dem Angriff dargeboten. Ich habe niemals verstanden, warum, aber die Deutschen ziehen und zerren an diesem Inneren. Reißen es heraus. Werfen es weg. Verletzt diese Art der Entsorgung nicht irgendeine Regel? Normalerweise verschwenden Deutsche niemals etwas. Vielleicht ist es das Weiche daran. Zu undefiniert. Kein Anhaltspunkt für die Zähne.

Ich öffne den Kühlschrank und suche mir etwas Käse aus. Drei Sorten Wurst. Honig. Marmelade. Alle erforderlichen Zutaten für das perfekte deutsche Frühstück. Die ich alle gestern in Vorwegnahme dieses Augenblicks gekauft habe. Eine Angelegenheit von großer Tragweite. Und eine, über die meine Geschmacksnerven nicht gerade glücklich sind. Sie finden meinen Seitenwechsel gar nicht gut. Schon jetzt vermissen sie den gewohnten Schinkenspeck, die gebratenen Eier, sautierten Pilze, gebratenen Tomaten und den Toast. Ich beschließe, sie zum Ende der Mahlzeit mit ihrem traditionellen Frühstücksgetränk zu befrieden: ein Glas Coca-Cola mit einer Handvoll Erdnüsse darin. Selbstverständlich ohne Eis. Wenn es zu kalt ist, kommt der Geschmack der Erdnüsse nicht zur Geltung.

Eigentlich ist es schon ein bisschen spät für das Frühstück: Es ist beinahe 13.00 Uhr an einem schönen, hellen Samstagnachmittag. Ich hatte mir den Wecker auf 6.30 Uhr gestellt. Aber als er losgegangen war, hatte ich beschlossen, mit dem Deutschwerden noch ein paar Stunden zu warten. Glücklicherweise kann ich zu jeder Tages- und Nachtzeit verschlafen herumschlurfen. Aber jetzt bin ich ganz wild darauf, loszulegen.

Wenn ich mich richtig eindeutschen will, heißt meine erste Aufgabe nach dem Frühstück: »Autowaschen«. Es einwachsen. Es zum Glänzen bringen. Denn der typische Deutsche sieht dich zwar nicht an – wohl aber dein Auto. Sehr genau. Und meines lässt ihm sicher die Haar zu Berge stehen. Seitdem ich es gekauft habe, habe ich es noch nie gewaschen. Seit einem Jahr? Seit anderthalb Jahren? Sowieso habe ich Düsseldorf immer für eine große, riesige Duschkabine gehalten. Schließlich regnet es hier ständig. Lass die Natur nur machen, war immer mein Motto. Lass die Natur mein Auto waschen.

Aber jetzt ist Schluss damit. Wenn ich mich wirklich als Deutscher qualifizieren will, muß mein Auto pingelig sauber sein. Absolut makellos. Ein blendender Glanz auf Rädern. Auch wenn es nur vor meiner Wohnungstür rumsteht. Nein. Ganz besonders dann, wenn es nur vor meiner Wohnungstür rumsteht.

Wie könnte ich meine Zugehörigkeit besser demonstrieren? Ich schnappe mir den Eimer unter der Spüle. Greife nach einem Spülmittel. Nach ein paar alten Lumpen, die ich für diese Aufgabe extra gewaschen habe. Ein paar Schwämmen. Echte Schwämme aus dem Meer vor der Küste Griechenlands. Weiches Ziegenleder, speziell aus der Schweiz importiert. Die beiden letzteren Teile habe ich meinem freundlichen Tankwart zu verdanken. Bis jetzt hatte ich immer geglaubt, nur seine Benzinpreise wären exorbitant. Aber jetzt weiß ich: Es kostet auch Unsummen, ein Auto makellos sauber zu halten. Wenn ich meinen Wagen so sauber halte, wie es sich in Deutschland gehört, werde ich vielleicht nicht mehr genug Geld haben, um damit fahren zu können.

Vergangene Nacht habe ich mein Auto doch tatsächlich vor meiner Wohnung parken können. Direkt vor der Haustür. Und es steht noch immer da, als ich mit meinen Autowaschutensilien herauskomme. Keine abgebrochene Antenne. Keine aufgeschlitzten Reifen. Keine Kratzer im Lack. Keine eingeschlagenen Scheiben. Irgend jemand hat mir aber einen Smiley auf die Motorhaube gemalt. Eine witzige Kontur in der dicken Staubschicht. Ich fürchte, den Nachbarn ist meine Nachlässigkeit doch aufgefallen. Aber der Wagen sieht dadurch ein bisschen so aus, als würde er sich bereits auf das Kommende freuen.

Ich klingle an der Tür des Hausmeisters. Keine Antwort. Macht nichts. Ich weiß, wo die Sachen aufbewahrt werden. Geschäftig renne ich in den Keller hinunter und habe den Gartenschlauch aus grünem Plastik auch bald gefunden. Ich öffne ein Fenster im Souterrain und werfe ihn in den Vorgarten. Dann gehe ich in den Vorgarten zurück, trage ihn rüber zum Wasserhahn und fange an, den Schlauch daran zu befestigen. Schon bald wird mein Auto tadellos sauber geschrubbt sein.

Nachdem ich den Schlauch gut befestigt habe, ziehe ich ihn rüber zur Hecke. Ich achte darauf, keine Schäden anzurichten. Im Moment ist die Hecke nämlich eine ausgewiesene Konfliktzone. Wer außer meinen Deutschen würde wohl eine Vorschrift haben, die die Höhe einer Hecke begrenzt? Nicht höher als 1,80 Meter. Das ist die Obergrenze. Keinen Zentimeter mehr. Das Problem ist: unsere ist höher. Die Hecke ist tatsächlich 1 Meter und 84 Zentimeter hoch. Ich weiß das so genau, weil unser Nachbar sie nachgemessen hat. Und uns das Ergebnis dann mitgeteilt hat. Uns allen. Ich hatte den Eindruck, dass er nur helfen wollte. Aber Anton, unser Hausmeister, teilt diese meine Ansicht nicht. Überhaupt nicht. Tatsächlich hat ihn diese Information ziemlich aufgeregt. So dass er protestiert hat. Und zwar laut. Man könnte sagen, dass die Hecke zu einem Zankapfel geworden ist. Das kann natürlich in jedem Land der Welt passieren, in dem es Hecken gibt. Aber nur in Deutschland – und das Wissen darum macht mich zu einem glücklicheren Menschen – gibt es einen Anhaltspunkt zur Klärung solcher Meinungsverschiedenheiten: Eine Vorschrift über die Höhe der Hecke.

Vorsichtig schiebe ich den Schlauch durch die Zweige und stoße ihn zur anderen Seite heraus. Ich lasse ihn da baumeln und eile zurück in den Keller. Schnell drehe ich den Wasserhahn im Haus auf. Den, der das Wasser zu dem Wasserhahn draußen fließen lässt. Dann renne ich die Stufen wieder hinauf und sprinte hinüber zu dem Wasserhahn draußen. Und drehe ihn auf. Man sollte meinen, den Wasserhahn draußen an- und auszustelllen müsste reichen. Und es wäre sicher sehr viel einfacher. Aber laut Anton könnte er tropfen und Wasser vergeuden. Sicher ist sicher, sagt Anton.

Ich eile hinaus auf die Straße und packe den Schlauch. Ziele damit auf mein Auto. Und beginne, es von vorne bis hinten mit Wasser zu bespritzen. Mit Fluten von Wasser. Jetzt fülle ich den Plastikeimer, den ich mitgebracht habe. Ich drehe den Sprühkopf einmal um und stoppe damit den Wasserstrahl für den Moment. Gieße etwas Spülmittel in den Eimer und rühre um. Meine Brust schwillt an vor Befriedigung, als Seifenschaum entsteht, der an den Seiten des Eimers herunterfließt. In mir ist ein Gefühl, als wäre jede Seifenblase ein Verbündeter, der mir auf meinem Weg zum Deutschsein weiterhilft. Wenn ich fertig bin, wird es keinen Wagen in unserer Straße geben, der sauberer ist.

Überall in unserer ruhigen Gegend gehen plötzlich hastig Türen auf, was quietschende und knarrende Geräusche verursacht. Die Anzahl der Fenster, die eines nach dem anderen aufgerissen werden, verleiht dem Klang Fülle. Das Ganze ist wundervoll symphonisch. Jetzt setzt der Chor ein. Alle zeigen in meine Richtung und plappern aufgeregt. Ich hatte ja keine Ahnung! War mein Auto *so* schmutzig, dass meine Wagenwäsche zum Ereignis des Jahres in unserer Straße wird?

Plötzlich höre ich das bekannte Tatü-tata einer Polizeisirene. Mit blitzendem Blaulicht kommt ein Polizeiauto direkt neben mir zum Stehen. Du meine Güte! Mein Auto muss ja furchtbar ausgesehen haben. Wirklich schrecklich. So schlimm, dass sogar der Bürgermeister gekommen ist, um mich zu beglückwünschen. Mich in seine Schar aufzunehmen, als vollwertiges Mitglied seiner Herde. »Nun sind Sie ein richtiger Deutscher«, wird er sagen.

Stolz schreite ich hinüber zum Polizeiauto. Aber was ist das? Der Rücksitz ist leer. Wo ist der Bürgermeister? Statt seiner entsteigen zwei Polizisten dem Funkwagen. Was geht denn hier vor? Alles, was ich will, ist, ein guter Deutscher werden. Habe ich etwa zu lange damit gewartet? Ist mein Auto so furchtbar schmutzig, dass ich jetzt für meine Nachlässigkeit bestraft werden soll? Wegen versäumter Fürsorge? Die Polizisten kommen näher. Oh Gott! Werde ich gleich in Handschellen abgeführt?

Im ungelenken Englisch eines Schülers erklärt mir einer der Polizisten, dass ich mein Auto nicht auf einer öffentlichen Straße waschen darf. In Deutschland gebe es ausgewiesene Plätze, wo man sein Auto waschen könne. Unglaublich! In Amerika kann man sein Auto waschen, wo man will – es macht nur keiner. Aber hier waschen alle dauernd ihre Autos. Ständig. Und alle begeben sie sich dafür zu einem ganz bestimmten Platz. Das habe ich vorher nie bemerkt. Wie könnte ich auch? Ich habe ja mein Auto nie zuvor gewaschen.

Eine Vision erscheint plötzlich vor meinem geistigen Auge. Ich stelle mir Hunderte und Aberhunderte von Autos vor, die alle versammelt sind und im Takt gewaschen werden. Das erste echt deutsche Musical. Jeder singt aus voller Brust. Und erst die spektakulären Tanznummern! Wischtücher, die sich in perfekter Harmonie bewegen. Seifenblasen, die in Formation fliegen. Hunderte von Menschen, die auf den Dächern ihrer Autos einen Steptanz hinlegen … Halt! Stopp! Was denke ich mir da bloß aus? Deutsche, die auf dem Dach ihrer Autos stehen? Und dort tanzen? Oh, nein. Nein-nein-nein. Ein richtiger Deutscher würde nie auf sein Auto klettern. Niemals!

Glücklicherweise können die Polizisten meine Vision nicht sehen. Sie können nicht wissen, dass ich in Gedanken gesündigt habe. Ich beschließe, nun das Richtige zu tun: Zu einem der dazu bestimmten Plätze zu fahren, um mein Auto zu waschen. Ich frage sie höflich, ob sie mir auf einer Karte zeigen könnten, wo ich hinfahren muss? Natürlich können sie das. »Aber warum fahren Sie nicht einfach in eine Waschanlage?« fragt einer von ihnen mit einem vielsagenden Achselzucken. Ja, warum eigentlich nicht? Das Leben kann manchmal so einfach sein.

Ich danke den Polizisten, und sie fahren ab. Alle meine Nachbarn verschwinden wieder in ihre Häuser zurück. Werde ich sie jemals wiedersehen? Vielleicht nur, um »Hallo« zu sagen? Ich blicke hinüber zu meinem Auto, das zusammengekauert am Bordstein hockt. Kein Wunder! Armes Ding! Es sieht jetzt schlimmer aus als vorher. Es ist nicht nur schmutzig. Jetzt ist es auch noch vollständig mit eingetrocknetem Seifenschaum bedeckt. Ich bringe den Schlauch dahin zurück, wo er hingehört, und hebe meinen Eimer mit dem Seifenwasser hoch. Wo soll ich ihn auskippen? Nicht auf der Straße! Das würde der Polizei nicht gefallen. Auch nicht im Garten. Anton würde mich umbringen. Ich beschließe, es in die Badewanne zu gießen.

Als ich in meine Wohnung zurückgewandert bin, schaue ich in den Eimer mit dem Seifenwasser. Eigentlich eine Schande! So schmutzig ist es doch noch gar nicht. Aber ich bin es. Sehr schmutzig. Da könnte ich es doch dazu verwenden, um darin zu baden. Schließlich ist ein Deutscher nur selten verschwenderisch. Also leere ich den Eimer in die Wanne und lasse noch warmes Wasser dazu laufen. Als ich meinen Körper und meine schmerzende Seele in das wohltuende Nass eintauche, fühle ich mich gleich besser. So schlimm war es eigentlich nicht. Und ich habe etwas dazugelernt. Ich weiß jetzt, wo ich meinen Wagen waschen kann. Wahrscheinlich ist das die wichtigste Information überhaupt, wenn man mit dem Gedanken spielt, in Deutschland leben zu wollen.

Bald ist meine gute Laune wieder hergestellt, und ich beginne zu singen. Okay, okay. Ich habe keine große Stimme. Aber ich bin zufrieden damit. Und so fühle ich mich gerade so richtig wohl, als ich das Klingeln der Türglocke höre. Dringlich. Insistierend. Was ist denn nun schon wieder? Will mir da etwa irgend jemand sagen, dass mein Auto schmutziger als jemals zuvor ist? Habe ich Anton irgendwie gekränkt? Habe ich die Wasserhähne nicht richtig zugedreht?

Ich klettere aus der Wanne, binde mir ein Handtuch um die Hüften und schlurfe zur Wohnungstür. Ich öffne sie einen Spalt breit und spähe hinaus. Es sind die beiden Polizisten von vorhin. Ich fange an zu erklären, dass ich meinen Wagen so bald wie möglich waschen lassen werde. Aber der selbst ernannte Sprecher der beiden hält eine Hand hoch und unterbricht mich. In gebrochenem Englisch informiert er mich darüber, dass gerade bundesweit Mittagspause ist und dass ich zu laut singe. Das ist zu viel! Ich will gerade ausflippen, als er mir erzählt, dass die Stunden zwischen 13.00 und 15.00 Uhr für kleine Kinder und ältere Leute reserviert seien. Sie bräuchten ihre Ruhe, sagt er. Das sei nur fair. Und zwei Stunden seien doch wirklich nicht zuviel, oder?

Nein, sind sie nicht. Wer bin ich denn, dass ich mitten am Nachmittag ein Bad nehmen muss? Ich schnappe mir einen Kuli und ein Blatt Papier. Dann beginne ich, mir die Zeiten zu notieren, damit ich sie nicht vergesse. Als er das sieht, fängt der andere Polizist zu lächeln an und eilt davon. Wo mag er nur hingehen?

Zehn Minuten später höre ich ein furchtbares Grunzen und Ächzen von draußen. Es scheint sich in meine Richtung hin fortzubewegen. Auf meine Wohnung zu. Es ist der Polizist. Er kommt zurück. Quält sich mit einem riesigen Wälzer die Treppe herauf. Er ist schweißbedeckt, kriecht auf Händen und Füßen, wobei er das Buch in meine Richtung abwechselnd schiebt und zieht. Glücklicherweise wohne ich im ersten Stock.

Jetzt liegt der Polizist auf seinem Bauch und schnappt nach Luft. Er schiebt das Buch über den Flur zu mir hin, schaut auf und sagt heiser: »Willkommen ... khhhhh ... in ... khhhhh ... Deutschland ... khhhh ...« Meine Augen blicken hinunter auf den Einband. Der englische Titel lautet:

A FEW IMPORTANT RULES FOR LIVING IN GERMANY

Meine Knie werden weich. Sie zittern. Mein Rücken tut schon weh nur bei dem Gedanken daran, es hochheben zu müssen. Es muss wohl so einige tausend Seiten umfassen und etwa 30 bis 40 Kilo wiegen. Das sind eine Menge Anhaltspunkte. Eine Riesenmenge. Ich stolpere zurück in meine Wohnung und komme mit einem Skateboard zurück. Zu Dritt hieven wir das Buch darauf. Gemeinsam steuern wir es ins Wohnzimmer. Noch einmal danke ich ihnen. Allgemeines Lächeln, dann verabschieden sie sich.

Ich lasse mich neben dem Opus auf den Boden fallen. Ich starre es an. Ich könnte schwören, dass es schadenfroh lächelt. Bald beginnt mein ganzer Körper vor Erschöpfung zu beben. Und dabei habe ich noch nicht einmal angefangen, es zu lesen. Aber ich werde es tun. Ich bin wild entschlossen dazu. Aber eins weiß ich jetzt ganz genau: Deutsch zu sein ist anstrengend. Verdammt anstrengend.

Die spinnen, die Amis

Tock, tock, tock! Das Geräusch von Fingerknöcheln, die wütend an meine Bürotür pochen. Tock, tock, tock, tock! Offensichtlich möchte mich da jemand sprechen. Bevor ich noch »Herein« sagen kann, wird die Tür aufgerissen. Roger poltert ungeduldig in den Raum. Er wirkt aufgebracht.

»Ich werde keinen Urlaub nehmen. Gar keinen. Nicht einen einzigen Tag«, stößt er hervor.

Na, ist doch wunderbar, denke ich bei mir. Gar keinen Urlaub. Womit habe ich diesen Arbeitseifer bloß verdient? Theo wäre sicher stolz auf mich.

»Ich spare ihn mir auf. Jeden Tag. Jede Minute. Jede Sekunde!«, schimpft er weiter. »Damit ich so schnell wie möglich zurück nach New York kann«, setzt er noch mit Nachdruck hinzu. Und er haut mit seiner Handfläche, so fest er nur kann, auf meinen Schreibtisch. Damit ich wirklich begreife, was er meint. Offenbar ist er außer sich.

»Mein Vertrag läuft über 18 Monate. Bei 20 Urlaubstagen im Jahr bedeutet das, dass ich schon nach 16½ Monaten nach Hause fahren kann.«

Vielleicht sollte ich ihn nach Hause schicken. Jetzt gleich. Sollte seinen Vertrag einfach zerreißen. Aber er ist gerade mal ein paar Wochen hier in Deutschland. Irgendetwas muss es doch geben, was ich für ihn tun kann.

»Was ist passiert, Roger? Was hat dich bloß so wütend gemacht?« frage ich besänftigend.

»Ich habe einen Strafzettel bekommen. Einen Strafzettel! Dafür, dass ich gehupt habe!« Er ringt nach Luft.

»Tja, da hast du wahrscheinlich das Gesetz übertreten«, antworte ich in meinem Bemühen, hilfsbereit zu sein.

»Wie kann ich ein Gesetz übertreten, indem ich meine Hupe betätige? Wozu ist sie denn da, wenn ich sie nicht benutzen darf?!«

»Wie hast du sie denn benutzt? Was war der Grund dafür?«

»Da war so ein Typ, der wollte einparken. Stunden hat er dafür gebraucht: rein – raus – rein – raus. Vor und zurück. Ich wollte doch nur, dass er mich vorbeilässt. Solange er mir nicht den Weg versperrt, kann er von mir aus den ganzen Tag lang einparken.«

»Und wie ist die Polizei da ins Spiel gekommen? Hat die irgend jemand gerufen?« will ich wissen.

»Sie standen hinter mir. Direkt hinter mir. Die ganze Zeit. Sie hätten den Kerl festnehmen sollen, weil er die Straße blockierte. Taten sie nicht. Aber kaum hatte ich gehupt, da fing ihr Blaulicht an zu blinken. Kannst du dir das vorstellen?«

»Ja, kann ich. Kann ich sogar sehr gut«, antworte ich als der kundige Deutsche, zu dem ich geworden bin. »Die Hupe ist für brenzlige Situationen da. Für Notfälle. Wenn jeder sie wahllos benutzen würde, wüsste man nicht mehr, ob es dringend ist oder nicht. Man wüsste nicht, ob es wirklich ein Notfall ist.«

»Hah! Wenn jeder in New York damit aufhören würde, seine Hupe zu benutzen, würde es überhaupt nicht mehr voran gehen!«

»Das ist nicht richtig, Roger. Ganz im Gegenteil! Wenn jeder in New York damit aufhören würde, wahllos seine Hupe zu benutzen und sich einfach an die Verkehrsregeln halten würde, käme der Verkehr in New York vielleicht endlich ins Rollen.«

Roger ist immer noch wütend. »Und dann hat mir der Cop noch ein Extra-Knöllchen dafür gegeben, dass ich meinen Sicherheitsgurt nicht angelegt hatte. In Amerika habe ich nie einen getragen.«

»Aber Roger«, protestiere ich. »Auch in Amerika ist das vorgeschrieben! Da gibt es sogar diesen fürchterlichen Summton, der einen daran erinnern soll.«

»Ja, sicher. Wenn das Auto losfährt und du den Gurt nicht angelegt hast, geht der Summer los. Aber nach ein paar Sekunden hört er auch wieder auf. Und dann ist es meine Entscheidung, ob ich den Gurt anlege oder nicht.

Ich weiß nicht, wieviele Polizisten schon gesehen haben, dass ich meinen Sicherheitsgurt nicht trage. Und nie habe ich ein Knöllchen bekommen. Nie!«

»Aber wenn du ihn nicht trägst, kannst du verletzt werden. Oder getötet.«

»Wenn ich getötet werde, dann ist das meine Angelegenheit. Das geht niemanden sonst etwas an.«

Roger ist dermaßen aufgebracht, dass es keinen Sinn hat, mit ihm zu diskutieren. Vielleicht später einmal. In einem Jahr vielleicht. Oder auch in zwei. Wenn er dann noch hier sein sollte. Aber eine Sache will ich doch klarstellen.

»Schön, aber zur Zeit lebst du in Deutschland. Deshalb legst du besser deinen Sicherheitsgurt an.«

»Niemals«, schreit er. Und haut noch einmal mit der flachen Hand auf meinen Schreibtisch.

»Roger, wenn du einen Unfall hast und nicht angeschnallt warst, trägt deine deutsche Krankenversicherung die Kosten nicht. Jedenfalls nicht die gesamten.«

Das findet seine Aufmerksamkeit.

»Sie trägt die Kosten nicht?!« ruft er verblüfft. Ich kann förmlich sehen, wie er versucht, zu verstehen. Wie seine Gedanken sich an dieser neuen Information abarbeiten. »Aber ich habe dafür bezahlt!« fügt er ungläubig hinzu. »Sie haben mein Geld kassiert!«

»Das Gesetz sagt: Wenn du deinen Sicherheitsgurt nicht trägst, trifft dich ein Mitverschulden an der Schwere deiner Verletzungen. So bekommt man die Leute dazu, ihre Sicherheitsgurte anzulegen. Weil es sicherer ist.«, füge ich hinzu.

»Ach, sicherer, ja?! Man will die Leute schützen, ja? Richtige ›Sicher-auf-der-Autobahn‹-Verfechter, ja? Und wieso lassen sie dann die Autos mit 200 Stundenkilometern über die Autobahnen rasen?« Das ist nicht wirklich eine Frage. Es ist eine Anklage.

»Die deutschen Autobahnen sind ausgezeichnet«, antworte ich. »Und wo sie nicht ausgezeichnet sind, darf man nicht so schnell fahren.« Als ich mich so reden höre, frage

ich mich: Klinge ich etwa so, als wollte ich jemanden verteidigen? Vielleicht. Ein wenig.

Roger hat sich noch immer nicht fertig ausgekotzt. »Soll ich dir mal sagen, was ich letzte Woche auf meinem Weg nach Frankfurt gesehen habe? Die haben die Lichtreflektoren abgewaschen!«

Hääh? Wovon redet er? »Was für Lichtreflektoren?« frage ich.

»Die auf den kleinen, schwarzweißen Pfählen zu beiden Seiten der Autobahn. Mit einem Wägelchen. Das hatte einen Hebel mit einer Reihe von Bürsten an seinem Ende. Damit sind sie an jeden kleinen Pfahl herangefahren und haben ihn gewaschen. Wisch – wasch. Hoch und runter. Wie beim Zähneputzen.« – »Roger, wenn die Reflektoren schmutzig sind, können die Fahrer sie nicht gut erkennen. Und damit wären sie doch nutzlos. Diese Art zu denken ist es, die es möglich macht, dass wir so schnell und trotzdem sicher fahren können.«

Wir? Habe ich ›wir‹ gesagt?

»Und der Regen? Was ist mit dem Regen?« antwortet er sarkastisch. »Kann der liebe Gott sie nicht sauber machen?«

»Nicht so gut wie die Deutschen«, antworte ich aufgebracht.

»Also sind deine Deutschen Weltmeister in Puncto Sauberkeit, ja?«

»Roger, die Deutschen sind gründlich. Präzise. Was auch immer sie tun, es hat Sinn. Wirklich!«

»Sauberkeit? Präzision? Sinnvoll? Charles, mach mal deine Augen auf! Überall wo du hinsiehst, ist Hundescheiße. Ich hasse es, hier durch die Straßen zu gehen.«

Tja, ich muss zugeben, da hat er nicht ganz Unrecht. Was soll ich darauf sagen? Wie antworte ich auf diese Anschuldigung? Warum können Hunde ihre Kothaufen überall hinsetzen, ganz wie es ihnen beliebt? Nach kurzem Nachdenken lächle ich ihn an. »Roger, sieh es mal so: Es gibt Vorschriften und Gesetze gegen das Verschmutzen der

Gehwege durch Hunde. Aber anscheinend haben sich alle Leute darauf geeinigt, diese zu ignorieren. Nimm's doch einfach als Zeichen für deutsche Flexibilität.« Und ich schenke ihm einen besänftigenden, wissenden Blick. Einen sehr, sehr freundlichen. Habe ich ihm helfen können?

Ich beobachte ihn, während er darüber nachsinnt. Aber tut er das wirklich? Oh, offensichtlich doch nicht. Denn der Ärger ist ihm noch immer ins Gesicht geschrieben, als er sich mir zuwendet. »Charles, du klingst mehr wie ein Kraut als wie ein Amerikaner«, presst er zwischen zusammengebissenen Zähnen hervor. Offensichtlich hat er nach der größten Beleidigung gesucht, die er sich vorstellen kann, und sie hiermit gefunden. Mit einem verächtlichen Schnauben stolziert er aus dem Raum.

Nun, ich glaube wirklich, er hat Recht damit. Ich klinge tatsächlich so. Wie um alles in der Welt ist es dazu gekommen? Gedankenverloren verlasse ich mein Büro. Stecke meine Hände in die Hosentaschen und schlendere hinüber zu unserer Cafeteria. Dabei pfeife ich leise »Hab mein Wagen vollgeladen«. Ich trete ein, gehe zur Theke und gebe mit einem schalkhaften Grinsen meine Bestellung auf: »Einen Kaninchenkaffee, bitte.«

Nachwort

Ist es möglich?

Ich horche in mich hinein, um mich selber besser zu verstehen. Ganz kann ich es immer noch nicht glauben. Irgend etwas sagt mir, dass es nicht sein kann. Und doch ist es so: Nach dreißig Jahren in Deutschland habe ich mich nun endlich an die Deutschen gewöhnt.

Tatsächlich ist es sogar noch schlimmer. Viel schlimmer. Ich gestehe es mir ein: Ich habe gelernt, die Deutschen zu lieben. Weil ich sie endlich verstehe. Ich weiß jetzt, wie sie ticken. (Was übrigens mehr ist, als die meisten Deutschen von sich selbst behaupten können.)

Was an diesem Volk so einzigartig ist? Nun, im besten Falle – der erstaunlich oft eintritt – ist es das fairste Volk, dem ich je begegnet bin. Es scheint, dass der deutsche Sinn für Ordnung unter den geeigneten politischen Voraussetzungen zu einer besseren Demokratie führt, als man sie anderswo findet.

Für einen Amerikaner sind Regeln und Vorschriften ein Greuel – ersonnen nur, um ihn zu kontrollieren. Verschwörungen, die von irgendwelchen Leuten ausgeheckt wurden, um seine persönliche Freiheit einzuschränken. Kein Wunder also, dass das Leben in Deutschland für ihn ein Kulturschock ist. Denn in Deutschland gibt es für alles eine Vorschrift. Die Menschen hier verlassen sich nicht allein auf gesellschaftliche Konventionen. In Deutschland ist alles schriftlich fixiert.

Aber Regeln und Verbote werden in Deutschland nicht als absolute Gebote verstanden. Es hat viele Jahre gedauert, bis ich das begriffen habe. Die Gesellschaft stünde binnen kürzester Zeit still, wenn all diese Vorschriften wörtlich genommen würden. Sie dienen den Bürgern vielmehr als Anhaltspunkte auf der Suche nach einem Konsens. Sie gewährleisten einen geordneten Ablauf, der zu einem Einverständnis zwischen streitenden Parteien führt. Die für alle Beteiligten ideale Höhe einer Hecke? Wenn die Nachbarn sich nicht darüber einig sind, finden sie in der entsprechenden Vorschrift – höchstens 1,80 Meter – einen gemeinsamen Ausgangspunkt für ihren Disput. Eine Stelle, von der aus man auf einen Kompromiss hinarbeiten kann. Nicht wie in Amerika, wo Auseinandersetzung und Konfrontation die Basis bilden, wenn es darum geht, Streitigkeiten beizulegen. Wo die Starken zwangsläufig gewinnen, weil das System Gewinner und Verlierer benötigt.

Natürlich können die gründlich und exakt erarbeiteten deutschen Regeln jeden zum Wahnsinn treiben. Die Deutschen selbst eingeschlossen. Aber sie ermöglichen ein Zusammenleben, das die täglichen Bedürfnisse aller seiner Mitglieder besser berücksichtigt als viele andere Gesellschaftsmodelle.

So bin ich also von einem waschechten Amerikaner zunächst zu einem zwiespältigen Germerican und dann zu einem engagierten Deutschen geworden, der einen deutschen Pass beantragt hat. Ob ich stolz darauf sein werde, ein Deutscher zu sein? Stolz ist ein heikles Gefühl, mit dem man sehr vorsichtig umgehen sollte – egal ob als Amerikaner oder als Deutscher. Also: nein. Ich werde nicht stolz darauf sein, ein Deutscher zu sein. Aber glücklich. Sehr, sehr glücklich.

Düsseldorf, im Mai 2002

Alles, was Sie über Japan wissen müssen

Christoph Neumann
Darum nerven die Japaner
Der ungeschminkte Wahnsinn
des japanischen Alltags
160 Seiten · gebunden
€ 12,95 (D) · sFr 23,90
ISBN 3-8218-3594-X

Wußten Sie, daß erfolgreiche japanische Handelsvertreter jeden Tag bis zu 50 mal die Hausschuhe wechseln müssen? Daß sie in diesen Hausschuhen aber trotzdem nicht aufs Klo ihrer Gastgeber dürfen? Und daß – sollten sie auf den glatten Kacheln zu Schaden kommen – japanische Rettungssanitäter erst vor der Wohnung die Schuhe ausziehen, bevor sie zur Wiederbelebung ansetzen?

Weitere kuriose Sitten, Regelwerke, Phänomene und Erscheinungen der japanischen Welt finden Sie in diesem Erfahrungsbericht eines in Japan lebenden und leidenden Deutschen.

 Eichborn.
Kaiserstraße 66
60329 Frankfurt
Telefon: 069 / 25 60 03-0
Fax: 069 / 25 60 03-30
www.eichborn.de
Wir schicken Ihnen gern ein Verlagsverzeichnis.

Was gut ist an Deutschland

Joseph von Westphalen
So sind wir nicht!
Elf deutsche Eiertänze
180 Seiten · gebunden
€ 15,90 (D) · sFr 29,50
ISBN 3-8218-0573-0

Der Herr befielt, der Hund gehorcht. So stellt man sich den Deutschen und seinen Deutschen Schäferhund vor. Falsch! Kaum ein deutscher Hundehalter will Herr sein. Deswegen nennt er sich Herrchen. Er macht sich klein. Er will nicht befehlen. So ist der Deutsche: Längst kein Jawohl-sagender Herrenmensch mehr, sondern ein Ach-sagendes Herrchen.

»Elf deutsche Eiertänze« von einem Großmeister der intelligenten Polemik – ironische, verzweifelte und schwermütige Plädoyers für einen ungeliebten Mandanten.

 Eichborn.
Kaiserstraße 66
60329 Frankfurt
Telefon: 069 / 25 60 03-0
Fax: 069 / 25 60 03-30
www.eichborn.de
Wir schicken Ihnen gern ein Verlagsverzeichnis.